AIにはできない

人工知能研究者が正しく伝える限界と可能性

栗原 聡

角川新書

はじめに

サイモンのアリ

砂浜を1匹のアリが巣穴目指して歩いている。巣穴がある方向はわかっており、本来なら直線的に移動したいところだが、砂浜にはあちらこちらに凹凸があり、思うようには歩けない。結果としてかなり複雑なルートをたどることで巣穴に帰ることができた。さて、アリはどのようにしてその複雑なルートを見つけることができたのだろうか？

巣穴に至る砂浜のどこがどのように凹凸しているのかがわかれば平坦《へいたん》な部分がどう分布しているかもわかるわけで、その平坦な部分に着目して最短で移動できる経路を求められるのであれば、それがアリの歩いた実際の経路となるのだろうか？　もしそうだとしたら、アリは相当に〝知的〟でなければならない。巣穴を中心とした砂浜の凹凸の詳細な分布を記憶できなければならないし、最短経路を求める計算能力も必要である。

残念ながらアリにはそのような知能はない。アリは単に巣穴のほうに移動する際、目の前に凹凸があれば、それを避けつつひたすら前進しただけである。移動したルートが複雑になったのは結果的にそうなっただけであり、それは砂浜の凹凸という複雑な形状、すなわち環境の複雑さを浮き彫りにしただけなのである。

「砂浜上のアリの軌跡は、砂浜表面の複雑さであって、アリの内面の複雑さではない。人の複雑にみえる行動も大体のところ、人間が置かれている環境の複雑さを映し出している」

これは、1978年にノーベル経済学賞を受賞したハーバート・アレクサンダー・サイモンの有名な「サイモンのアリ」[1]の話である。

我々人の生きる環境は複雑であり、目標に向かって計算通りに進むことはなかなかに難しい。世界のすべての情報を入手できるわけはないし、仮にすべての情報が入手できたとしても、その情報を使って最適な方法を計算する能力は我々にはない。では、我々は普段どうやって生活しているのか？　アリと同じである。日々できることをやり、その積み重ねの結果として、理想とする高みに到達できる人もいれば、そうでない人もいる。それでも、人はアリと異なり極めて高い知能を持つ。日々できることの質も大きく異なる。その結果として今日のような文明を築くに至っている。ただ、現在のような世界を目指して前進してきたわけではなく、やはり結果としてこうなっているに過ぎない。

しかし、人類はテクノロジーを生み出した。産業革命によって蒸気機関が発明されると移動の制約から解放され、通信技術が発明され、その後のインターネットの発明により見て聞いて話す能力においては距離の制約からも解放された。便利さ、楽さ、快適さを求め、人はひたすら前進するため、テクノロジーをどんどん進化させた。興味深いのが、レイ・カーツワイル[2]の著書『シンギュラリティは近い――人類が生命を超越するとき』でも言及されているように、多くのテクノロジーが時間の経過に伴い指数関数的にその性能を向上させているという事実である。指数関数的な性能の変化とは、性能が発揮されない時期が長く続くものの、徐々に性能が向上し始め、ある時期を境に一気に爆発するように向上していく変化のことだ。2倍、３倍、４倍という変化ではなく、10倍、１００倍、１０００倍という具合である。有名なムーアの法則も「半導体集積回路の集積率は18カ月（または24カ月）で2倍になる」という指数関数的な上昇に基づく将来予想である。

１９５０年代に人類が生み出したテクノロジーの一つであるＡＩも、誕生した最初のころは大いに注目されたものの、期待されたほどの能力を発揮することはなかった。それでもＡＩ研究者はひたすら前進し続けた。そして、２０００年あたりからＡＩの性能が指数関数的変化に従うように急激に上昇する段階に突入した。いわゆる第３次ＡＩブームの始まりである。そしてこのレベルアップは止まることなく、2020年代にはChatGPTを代表とする生成AIの中心的な存在である大規模言語モデルの開発に成功し、第3次AIブームはさらに急激に性能が向上する段階に突入したと言えるだろう。

歴史を振り返れば、組み立て工場のロボット化は人が苦手とする肉体労働からの解放であり、それによって高い生産効率を得ることができた。人が苦手とする部分の、テクノロジーへの置き換えである。一方で、ChatGPTのような最先端のAIが一夜にして誰もが利用できるようになると、世界が大きく前進するだろうという高い期待と同時に、人にしかできないと思われていた知的作業までをもこなす、詳細はよくわからないものとにかくすごい道具が登場したことに対する漠然とした不安を生み出すこととなった。

もはや、妄想が妄想のままでなくなりつつあるのだ。いつでも・どこでも・誰とでも・やりたいことができるようになってきた。人は目の前に不自由さや面倒なことといった制約があるから、その制約からの解放を目指し前進してきた。しかし、その制約が突如としてなくなり自由となったとき、より先を目指して進もうという人々と、現状に甘んじる人々に分かれるのは想像に難くない。今、我々はこれまで以上に進む人とそうでない人との格差が広がりつつある真っ只中《ただなか》にいるのだ。はてさて人というアリは結果的にどこにたどり着くのだろうか？

強すぎる技術は、使い方を間違えると負の影響も大きくなる。原子力が最たる例だ。そのような懸念から、AIに対する規制やガイドラインの策定を急ぐ動きが世界的に盛り上がっているが、なかでもEUはその先頭を走っている。EUのAI規制法案[3]においては、AIのリスクを四つに分類している。最も高い「許容できないリスク」には、人々の行動を暗に操作するサブリミナル技術、公的機関が様々なデータを集めて個人を評価する「ソーシャルスコアリング」などが挙げられている。AIが意図的に人の見方・考え方を変容させることは許されないということである。たしかに、このようなAIが悪用されることを想像するに、もっともな提案である。

しかし我々人は高い適応力を持つ。たとえ、道具というものは我々が「使う」ものであっても、それを使うことで我々のほうが道具に適応し、場合によってはものの見方・考え方を変えてしまう。これまでの人類史において最も我々を変化させた技術、それがインターネットであろう。

インターネットは人やモノなどが繋《つな》がる場であり、その登場によって、皆が繋がり多様性を育《はぐく》む多産な世界の到来が期待された。実際インターネットにより、コミュニケーションが活性化され数え切れないイノベーションが起き、無限の可能性が人類に示されたことは間違いない。しかし、インターネットという強力な技術の宿命としての負の側面を見落としてはならない。インターネット上に生み出されたSNSの台頭により、起きたことは真逆の分断であった。一国主義や不寛容社会などといわれるように皆が利己的となり、未《いま》だに戦争すらしている。気がつくと意見の合う小集団内での活動に閉じこもってしまうエコーチェンバー現象や、デマやフェイクが横行し、もはやインターネットは有象無象の情報に溢《あふ》れている。どう見ても人というアリは好ましい方向には進んでいないようだ。

高い可能性を秘める生成AIだが、それ故に生成AIに対する懸念も大きい。ChatGPTのような大規模言語モデル（LLM：Large Language Model）は、人類が初めて実現に成功した汎用《はんよう》性のあるAI（汎用AI〈AGI：Artificial General Intelligence〉）であり、何を聞いてもちゃんと流暢《りゅうちょう》な言葉で答えてくれる。人に聞くのと同じやりとりが可能であり、検索ツールのようにも使えれば、発想支援ツールとして〝壁打ち〟にも使えてしまう。このようなAI、いやテクノロジーは今までなかった。しかも、誰もが使えることから「AIの民主化」を果たしているとも評されている（誰もが使えるということで、悪用の懸念も指摘されるし、著作権などの権利を侵害するような使い方も簡単にできてしまう）。

マルチモーダル化と呼ばれるが、今や文章だけでなく画像や音声の入力と生成も可能だ。しかも生成されるものの質は極めて高く、もはや人を超えているという指摘ももっともである。そうなれば、脚本家、イラストレーター、漫画家、アニメーターなどのクリエイターが仕事を奪われる危機感を持つのは当然だろうし、さらには自分の作品を勝手に学習に使われることに対して反感を持つことも当然のことであろう。

実際にＡＩの導入により、人の仕事のＡＩへの置き換えについての話題もよく耳にするようになった。だからといって一方的にＡＩに否定的な感情を持ってはいけないのだと思う。加速的にその能力を高めつつあるＡＩがこなせるタスクを想像するに、仕事のＡＩへの置き換えが起こることは間違いない。しかしそれは内燃機関や電卓が実用化されたときも、そして組み立てロボットが発明されたときも世界的に起きたことである。イギリスでは産業革命時に、ラッダイト運動[4]が起きている。しかし、それでもその度に人々は変化に適応してきた。新たなテクノロジーの導入は人から仕事を奪うだけでなく、新たな職業やサービスを生み出し、それにより世の中は前進してきた。

新たなテクノロジーの登場により置き換えられる職業については想像することができて

も、それにより生み出されるであろう新たな職業についての想像は難しい。そのため、なくなる職業についてては種々雑多な議論を見かけるものの、生まれるサービスや職業についての詳細な分析は聞いたことがない。今後、ＡＩの登場により、社会はどのように変容し、どのような新たなサービスや職業を生み出していくのであろうか？　しかもＡＩはまだまだ進化していくのだ。

人は欲望のままにテクノロジーを進化させてきたし、ＡＩへの懸念がいろいろ指摘されていても、ＡＩの研究開発という流れを止めることは現在までのところできていない。我々もこれまでと同様に、新たなＡＩというテクノロジーの登場に適応するために変わらなければならないときが迫りつつある。

皆が踏みとどまってほしいと願うＡＩ兵器開発においてさえ、歯止めがかかるどころか開発競争の真っ只中にある。日本においても安全保障の問題に直結する重要な話題であるが、ではどうすればよいのか？　もちろん、最善の方法は対話による外交を通して摩擦を解消することであるのは言うまでもないのだが、専守防衛が日本の姿勢であり、攻める武器と防ぐ武器が同じであるところにこの問題の難しさがある。それ以前に日本の研究開発能力の低下はＡＩ研究開発においても同様であり、国際的なＡＩ規制の流れに対して日本はどのように対応すべきなのか？　開発をやめてしまえばさらに競争力は低下する。それ以前に、国内においてもＡＩを中心とする高度ＩＴ技術の利活用における首都圏と地方、そして大企業と中小企業の格差の問題も深刻化する懸念がある。

自助で無理なら共助？

地球規模の課題から日本国内の課題に対してまで、「最後は対話で解決するのだ！」という言い回しをいやというほど耳にするが、本当に人間の知性と対話による自助で抜本的な解決に至ることはできるのか？　このまま欲望のままに突き進み、確実に人類は絶滅するとは言わないまでも、過度な格差社会となり、極々少数の富裕層がユヴァル・ノア・ハラリのいうところのホモ・デウスのごとき新人類となり、圧倒的大多数の人間はある段階で進歩が止まり決して質の高くない日常を生き続けるような世界になってしまうのだろうか？　ホモ・デウスの「デウス」とは人類と神々双方の秩序を守護・支配する神々の王である「ゼウス神」のことである。ハラリ氏は自身の著書『ホモ・デウス』において、一部の富裕層がＡＩを含む最先端技術を駆使することでホモ・サピエンスという種から新たなホモ・デウスに進化すると主張している。たしかにそのような未来が訪れる可能性もあるのかもしれない。

では、自助で無理なら共助はどうだろう。その場合に共助の相手とは誰なのか？　それは今後登場する次世代ＡＩなのかもしれない。現在のＡＩは優秀で、かつ何でもできる汎用性のある道具である。ただし、どんなに優秀な道具であっても、道具である以上、使う側の能力を超える使い方をすることはできない。であるなら、自ら考えることができる自律型のＡＩならどうなのか？――そのような可能性についても本書では考えてみたい。

もはや人というアリはＡＩという存在を意識せずに日々前進することができなくなってきた。ＡＩという道具をどのように使えばよいのか？　そして、今後登場するであろう次世代ＡＩはどのようなＡＩで、自ら考え行動する高い自律性と汎用性を持つ次世代ＡＩと人はどのような共生関係となっていくのか？　そして、次世代ＡＩが人と共生することで、人類は自助の壁を突破することができるのであろうか？　ＡＩ研究開発で後れをとる日本はどうすべきなのか？　これらの議論を通して、ＡＩには何ができて何ができないのかが明確になってくると思う。

筆者は、大学院を修了後、10年以上企業の研究所に在籍してから大学に転身した。研究職というジャンルは変わらないものの、結果的に転職を3回したことになる。本書における一つの象徴的なキーワードがネットワークだが、個人の研究活動においてもネットワークというものは、重要な役割を担っている。

まず、ＡＩ研究における筆者の専門がマルチエージェントや群知能といったものであり、「ＡＩ（エージェント）が多数存在する状況において、それぞれがどのように連携することで、エージェント全体が合目的的に動作し、単体のＡＩでは解決できない問題をチームとして解決できるか」を考えることを主たる研究テーマとしている。連携するということは、ＡＩ同士が何らかのネットワークを構築することになる。つまり、自分の研究においてネットワークは重要なキーワードになっているのだ。

さて、職場が変わるごとに新たな人的ネットワークが広がっていった。いろいろな分野の研究者との交流、そして先輩研究者からの叱咤《しった》や助言、すべてが研究の糧となったわけだが、その意味でも学会活動は重要である。複数の学会を研究交流の場としているが、筆者の主たる活動の場は人工知能学会である。学会活動を通して、研究会の幹事などを担当し、編集委員会には10年以上関わることになり、多岐にわたるＡＩ分野の研究者との人的ネットワークを構築できたことは大きな財産になっている。ＡＩ分野を俯瞰《ふかん》的に把握することができるようになった上、自分の見方・考え方も広がったのだ。

昔と異なり、これだけＡＩという言葉が市民権を得るようになった今、学会も単に研究者の集団に留《とど》まっているわけにはいかなくなった。異なる分野の研究者はもとより、一般の方々へのわかりやすい情報発信も必要となった。単にＡＩを開発すればよいという時代は終わり、ＡＩが社会に与える影響についてしっかり考える倫理委員会も設置された。そして、研究力が低下しつつある日本において、これからこの分野に入ってくる人材を育成するため、教育への積極的な介入も検討すべき課題となっている。このような多様な問題意識が本書執筆のインセンティブとなっている。

本書では現時点における「ＡＩができること」「まだ人にしかできないこと」「どのような課題があるか」「我々が考えるべきこと」など、著者の言いたいことのほぼすべてについて言及したつもりである。いろいろな見方や考え方が登場する。一見するとそれぞれの話がばらばらになっているような印象を受けるかもしれない。しかし、読み終えたとき、もしくはどこかの段階で、部分的に腑《ふ》に落ち、それが広がり、最後には全体が繋がりをもって理解してもらえるとしたらありがたい。

栗原《くりはら》　聡《さとし》

目次

第1章　ＡＩ開発の歴史は未来のためにある

そもそもAIとは？　知能とは？

ＩＴは無論のこと、ＤＸやＩｏＴ、Ｗｅｂ３など様々なキーワードがバズっては消えていく――それらと同じように、ＡＩという言葉も最近誕生したのかと思われる人もいるかもしれないが、そうではない。ＡＩはArtificial Intelligenceの頭文字であり、文字通り「人工的な知能」、すなわち「人工知能」という単語であるが、この言葉が初めて使われたのは１９５６年と、それなりに歴史があるのである。

「人工」が頭に付く単語は他にもたくさんある。人工衛星、人工心肺装置、人工ダイヤモンド、人工芝など。共通することは人工的に作るために、それらの仕組みや製造の仕方がしっかりとわかっているということだ。だからこそ人工的に作ることができる。その文脈に従えば、知能の仕組みや製造の方法が解明されているからこその人工知能（ＡＩ）ということになるが、さて、今更であるが「知能」とは何なのであろうか？

我々は読み書きができ、計算や推論ができる。テクノロジーを生み出し発展させ今や本格的に月や火星に進出しようとすらしている。明らかに人には知能がある。間違ってはいない。

他方、行列を作って餌をこぞって巣に運ぶアリはどうだろう。あるいは無数のイワシが群れて大きな塊を作る迫力のシーンや、鳥の見事なV字編隊などを思い浮かべてほしい。これらも明らかに知的な振る舞いである。アリの場合、ただの行列ではなく、餌と巣のほぼ最短のルートが形成される。我々に同じことが真似できるだろうか？　全体を指揮するアリもいなければ、インターネットを使えるアリもいない。そして何より不思議なことに個々のアリは自分たちが餌を巣に運ぶための列を作ろうという意識すら持たないのである。

ここでポイントになるのは、アリは集団で群れることで巧妙に列を作る知能を「創発」することができる、ということだ。創発とは、多数の個が群れることで、群れを一つの個とする能力が生まれる現象のことを指す。イワシが群れることで創発する魚塊には、イワシを餌とする捕食魚に対して、自分たちを大きな一つの塊として威圧する能力や、塊となることで、逆に自分が捕まる確率が下がるという、個々のイワシには持ち得ない能力がある。そして、この創発は我々の脳でも起きている。

現在に至る人類の繁栄をもたらしたのは脳という器官であるが、脳も一つの塊ではなく超多数の脳神経細胞の集合体である。我々の脳はだいたい1・5リットル程度の大きさで、およそ2000億個もの脳神経細胞が集合しているのだ。しかも脳神経細胞はお互いがシナプスで接合された超大規模で複雑なネットワーク構造を有し、もしシナプスを繋《つな》いで1本にすると地球を25周もできるほどの長さになる。重要なことは、アリと同様に個々の脳神経細胞がやっていることはしごく単純なことであり、個々の脳神経細胞が文字を認識したり感情を動かすような知能を持っているわけではない。しかし、膨大な数の神経細胞が群れてネットワークで繋がることで、明らかに知能が創発されるのだ。アリが群れて最短な列を創発することも、神経細胞が群れて脳として高い知能を創発することも、起きる現象は異なるものの、「群れることで創発が起こる」という基本原理は同じである。そしてこのような知能のことを「群知能」[6]と呼ぶ。

そもそも、アリや人がなぜ進化してそのような知能を持つに至ったのかといえば、「生き抜くため」である。地球という環境に生命が誕生した瞬間から生命の目的は生きることであった。地球環境に適応できた種のみが絶滅せずに生存し続けてきた。知能については、絶対的な見方や、相対的な見方、あるいは知能を生み出す仕組みに着目するなど、AI研究者によっても見解は様々であるが、共通した知能に対する捉《とら》え方は「環境に適応する能力」なのである。

コンピュータの歴史とAIの歴史は表裏一体

「ＡＩ」は、様々な見方のできる「知能」を人工的に実現させようという研究分野に付けられた名称であることから、研究者によって実現を目指すものも多様である。とはいえ、人間だけが持つ絶対的な知能である「思考する能力」を実現したい、というのが最もシンプルで実用性もあり、しかもチャレンジしがいのあるテーマであることは間違いない。人のように考えることのできる機械を作ろうという動きにおける最初の一歩が１９４６年に誕生した最初のコンピュータである「ＥＮＩＡＣ（エニアック）」である。そして50年には数学者のアラン・チューリングが、機械が知能を持つかどうかをテストする方法として「チューリングテスト」を発表した。フィクションではあるが、同じく50年に作家のアイザック・アシモフが自身の小説で、ロボットは「人を傷つけてはならない（第１原則）」「第１原則に反しない限り人の命令に従わなければならない（第２原則）」「第１原則、第２原則に反しない限り自分を守らなければならない（第３原則）」で有名な「ロボット３原則」を発表している。同時期における日本での動きとしては55年に故手塚治虫の『鉄腕アトム』が出版されている。

何より、ＡＩ研究の発展に大きく寄与したのが、数学者であり計算機科学者であり、コンピュータの父として、そしてマンハッタン計画における科学者集団の中心人物として有名な天才、ジョン・フォン・ノイマンである。ノイマンが考案したのがノイマン型コンピュータであり、その実機である「ＥＤＳＡＣ（エドサック）」が誕生したのがアシモフの３原則と同じ50年であった。ノイマン型コンピュータの発明こそがＡＩ誕生にとっての最大の出来事となった。

我々が普段使うパソコンやスマホなど、身の回りにあるほぼすべてのコンピュータはノイマン型と呼ばれる。新しいタイプのコンピュータとして期待されている量子コンピュータは、ノイマン型と異なるタイプだ。ノイマン型コンピュータとはプログラムをデータとしてコンピュータ内に内蔵し、これを実行する方式のコンピュータのことである。我々はパソコンやスマホでいろいろなアプリを利用するが、これもプログラムで書かれたアプリがパソコンやスマホにインストール、つまりは内蔵されており、これをパソコンやスマホが実行することで機能している。ノイマン型コンピュータが発明されたことは、ＡＩ研究を進める上で大きな追い風となったわけだが、ここで気になるのが、なぜノイマンはノイマン型のコンピュータの発明に至ったのかである。その答えが「自己再生機械」という概念である。

自己再生とは文字通り自分で自分を生み出すという意味だ。世の中で、自分で自分を生み出すことができるものは何かといえば、我々生物である。生物のみが生殖という自己再生能力を持ち、気の遠くなる長い年月を経て世代を重ね、進化し、知能を高めてきた。その意味ではノイマンが自己再生機械の実現にこだわったのは、自己再生機械の先に、人の持つような知能を備えた機械の実現を見ていたからかもしれない。つまりはコンピュータの歴史とＡＩの歴史は表裏一体なのである。

そして、いよいよ１９５６年にArtificial Intelligence（人工知能）という単語が登場することになる。米国のダートマス大学に在籍していた計算機科学者、ジョン・マッカーシーの呼びかけで、人のような高い知能を持つ機械を実現させるための通称「ダートマス会議」と呼ばれる研究会が設立された。十数人の研究者らによる勉強会のようなもので、ここで、研究分野の名称として人工知能という言葉が初めて登場した。研究会の中身は各メンバーからの研究発表であり、自分たちの研究分野の名称を決めることは目的ではなかったが、ジョン・マッカーシーの発表の中で、人工知能という名称にしたらどうか、という提案があったのだ。ただし、全員がこの名称に賛同したわけではなく、マッカーシーと並んで人工知能研究を立ち上げたコンピュータ科学者のマーヴィン・ミンスキーはこの名称に賛同しなかったと伝えられている。

ちなみに筆者もミンスキーと同じ意見を持っている。それは、あまりに抽象的な「知能」という言葉だけでなく、それを人が作ることを意味する「人工」という単語も使用されていることが、多くの誤解を招きかねないと思えるからであり、現に今、そのような事態になってしまっている。

第1次AIブーム

結果的にAIという名称に落ち着いたこの研究分野は最初のブームを迎えることになる。第1次AIブームはダートマス会議が開催された後、1960〜70年代前半までであり、AI研究が産声を上げ、活気づいた時代である。人ならではの能力である、「推論問題」や「パズル」「迷路」を解くことなどが題材であり、ざっくりと言えば、答えを「探索」する研究がブームの中心であった。

興味深いことに、2010年くらいから始まる第3次AIブームの主役である深層学習（Deep Learning）の基本骨格であるニューラルネットワークという技術も1950年代に考案されている。ニューラルネットワークとは、簡潔に言えば「人間の脳の構造にヒントを得た機械学習法（ＡＩが入力されたデータに基づいて学習する技術）の一つ」である。初回のブームでは、やることなすことすべてが新しい提案なのであるから、さぞかし盛り上がったのだろうと想像するが、案の定、当時の新聞には「人を超えるＡＩが開発される」とか「ＡＩに人が支配される」といった、ＡＩに対する脅威や懸念についての見出しが掲げられた。現在の第３次ＡＩブームでのＡＩへの懸念と同じ現象が起きていたのである。まさに時代は繰り返すのだ。

しかし、第１次ＡＩブームはだんだん下火となり、１９７０年代後半からいわゆる「ＡＩ冬の時代」に突入してしまった。ここに、我々が歴史から学ぶべき重要なメッセージを読み取ることができる。

１９６０年代は、現在と比較するとコンピュータの性能に天と地ほど以上の開きがあり、ビッグデータやクラウド以前に、そもそもインターネットすらなかった時代である。提案された理論や技術は潜在的な有用性を秘めていたものの、当時扱えた問題はいわゆるトイプロブレム（おもちゃレベルの簡単な問題）に留《とど》まり、実用にはほど遠かった。例えば、幼稚園児でもできる積み木問題を想像してほしい。四つの積み木が床に置かれており、一つの積み木の上にもう一つの積み木を載せ、四つの積み木を４階建てのビルのような形にする簡単な問題であっても、当時のAIによる2本の腕を持つロボットはかなりの時間を要したのである。基礎的な研究が実用化されるまでには長い時間がかかる。面白いアイデアだと思ってすぐにビジネス化しようと考える前に、今がそのときであるかどうかをしっかり考える必要があるわけだ。

例えば、生成AIで世の中が盛り上がる少し前にメタバースという言葉がもてはやされた。我々がVR空間で日常生活や仕事を行う仮想世界のことである。生成AI時代の到来により「メタバースは終わった」などと評する声も聞かれるが、そうではなかろう。第1次AIブームから学んだことを当てはめるなら、メタバースの本格到来はまだ先なのである。VR空間に入るためにはHMD（ヘッドマウントディスプレイ）を装着する必要があり、たしかにVR研究が誕生した1990年代と比べれば2020年代になりはるかに小型軽量化されてきたとは言え、まだまだ大きくて重たく、長時間の装着は難しい。何より我々の目と同等の視野や解像度に及ばず、VR空間に没入できるとは言いがたい。Apple Vision ProのようなJ次世代型のHMDが登場するなど、かなり洗練されてきたものの、実空間と変わらない複雑な表現にはまだ遠い。我々が本当にVR空間に没入するには映画『マトリックス』で描かれたくらいの完成度が必要だとすると、本格的なメタバース時代はまだ先のことになる。これをもって、メタバースが「終わった」「失敗した」と表現するのは、なんとも浅はかであろう。日々研究開発を進める研究者・開発者へのリスペクトが足りないと思わざるを得ない表現である。

第2次AIブーム

第1次AIブームの冬の時代は1980年くらいまで続いたが、そこから1990年くらいにかけて2回目のブームが起こることになった。第1次AIブームで誕生した様々な研究テーマについても引き続き研究は進められていたが、コンピュータの性能が向上し、それまでにはなかった新たな取り組みが2回目のブームに火を付けることとなったのだ。ゼロから知能を生み出す方法を構築するのではなく、人が持つ専門的な知識をコンピュータに教え込み、その分野の専門家（エキスパート）でないと解けない難題をコンピュータで解決させようという発想であり、これは「エキスパートシステム」と呼ばれた。

有名なシステムが「MYCIN（マイシン）」と呼ばれた医療診断システムである。これは一定の成果は得られたものの、エキスパートシステムによる第2次AIブームを終焉《しゅうえん》に向かわせる壁に突き当たることになった。ここでも我々が学ぶべき重要な知見がある。

ブームを終わらせた壁とは、教え込む知識の「質と量」だった。

我々は等しく常識を持つ。小学生であれ、高校生であれ、社会人であれ、高齢者であれ、皆が常識というほぼほぼ共通の知識を持っている。しかも、常識は授業で教えてもらえるような類《たぐ》いのものではない。専門的ではない皆が等しく持つ知識、あるいは皆が持つ土台のような知識である。ここで専門知識と常識を、お正月の定番である鏡餅《かがみもち》に喩《たと》えるなら、下の餅が常識で、上の餅が専門知識ということになろう。そして、上段の専門知識の習得には苦労を伴うし、誰もが習得できるものでもない。それに比べて常識は誰もが持てる程度の知識であることから、上段の餅のほうが大きいというアンバランスな鏡餅ということになる。エキスパートシステムに必要なのは、上の段の専門知識であり、これを教え込むことでシステムは完成するはずであった。

しかし、実際には専門知識に加えて常識も教え込む必要がある。「そんなこと当たり前でしょ」という類いの知識である。例えば、コップが机の上に置いてある場合に、我々は「物を置くことができる」ということなどは、当たり前だと思って気にもとめない。しかし、これを説明しようとするなら、「地球の引力により、コップが地球に引き寄せられるものの、コップは机を突き抜けることはできないから、机の上に置かれる位置関係で安定している。机だって引力で地球に引き寄せられているが、家の床があることで云々《うんぬん》……」ということになり、厳密に記述し始めるときりがなくなってしまう。常識とは、このように延々と続く説明をささっと終わらせるための有用な知識とも言える。そして重要なのは「そんなこと当たり前でしょ」という知識を常識として皆が等しく持つことで、お互いが共通した認識を持ち、齟齬《そご》のないコミュニケーションを行うことができるということである。

よって、エキスパートシステムにも常識を入れ込むこととなったわけだが、蓋《ふた》を開けてみたら常識の量はとんでもなく多いことがわかったのである。上の餅に対して下の餅のほうがとんでもなく大きな鏡餅だったのである。当然、当時のコンピュータに入れ込むことができる知識量では足りなかったということもあるだろうし、何より入れ込む知識が大量になってくると、互いに矛盾する知識が出てきて一貫性が保持できなくなる問題も発生するなど、システムとして完成させることの難しさが露呈したのだ。結果的に実用化が難しいことがわかり、初回と同じく第2次ＡＩブームも冬の時代に向かうこととなってしまった。

ここで学べることは、ＡＩがたとえ医師の持つような専門知識を獲得できたとしても、さらに必要な常識が想像以上に大きく、重要であったということである。

第3次AIブーム

２０１０年くらいから第3次ＡＩブームが到来し、現在も継続しているが、これは過去2回とは様子が異なる。まず、２０１１年にある大きな変化が起こった。人工知能研究分野における音声認識に関する著名な国際会議で行われる、音声認識の性能（認識率）の高さを競う競技において、それまでは「統計や確率を利用する手法」が性能の上位を独占していたなか、突如「ニューラルネットワーク型の音声認識プログラム」が参戦し、２位に大きな差をつけて優勝してしまったのである。このときのニューラルネットワーク型の手法こそがDeep Learning（深層学習）であり、これがDeep Learningが初めて著名な舞台に登場した瞬間だった。

Deep Learningは１９６８年に考案されたニューラルネットワークの技術を土台にはしているが、研究が地道に続けられ、実質的には１９８０年代以降に提案された新技術と言えるものである。人工知能分野における機械学習法という仲間に属している。機械学習とは文字通り、人間が持つ学習能力を機械（コンピュータ）で実現する技術の総称である。

長い研究の歴史がある、人工知能における中核的な技術であり、これまで実に多くの技術が提案され、具体的に実用化されているものも多い。なお、「学習」の仕方は大きく二つの方法に区分される。教師あり型となし型である。我々も何かを学ぶとき、教師に教えてもらう方法と、自らいろいろ試してやり方を身につける方法がある。前者が教師あり学習で後者が教師なし学習に相当する。

過去2回のＡＩブームのパターンに従うならば、本来なら提案されたタイミング（1980年代）でブームが起きていたはずであるが、そうはならなかった。著者の憶測だが、Deep Learningという新たな名前が付けられてはいるものの、やはりその基本骨格は第1次ＡＩブームで考案されたニューラルネットワークという古い技術と見られたからだろう。しかも当時、ミンスキーらによってその手法（ニューラルネットワークの規模が小さい場合）の限界も指摘されていた。一度魅力を失った技術に対しては、その後においてしっかり研究を継続していた研究者らによる技術革新があったとしても、再び大きく注目を集めるのは難しかったのかもしれない。

何より、研究テーマの可能性の限界が指摘されると、そのような研究への研究費の配分が減額されてしまうこともある。結果的に多くの研究者がニューラルネットワーク研究から手を引いてしまったことも研究の進展を遅らせ、技術としての魅力を失わせてしまったのであろう。加えて、Deep Learning として再び注目を集めるまでの間、第3次ＡＩブームが始まる直前においては、統計や確率、そして知識処理に基づく手法が主役であり、研究成果が具体的に実社会で利用されるに至っていたことも要因である。敢《あ》えて新たな手法に食いつく必要もなかったのである。とはいえ、第3次ＡＩブームの到来とともに、天気予報やマーケティング、そして経済や金融の現場においても、今や統計を用いた手法は Deep Learning を利用する手法に置き換わっている。

加えて、Deep Learning 技術のみではブームが起こらなかった大きな理由がもう一つある。Deep Learning がその性能を発揮するには大量のデータが必要となるのだ。自動車に喩えるならば「燃費が悪い」のである。レーシングカーがハイパワーを発揮するためには、それだけ多くのエネルギーを必要とするのと同じように、Deep Learning はその高い性能を発揮させるために、それまでのＡＩに比べてとんでもなく多くの学習用データが必要となる。データを集めることができなければ、そもそも性能を発揮することもできなかったというわけだ。

その状況を変える契機となるのが、インターネットの登場である。コンピュータ同士が繋がることで大量のデータを容易に集めることが可能になった。加えて、ムーアの法則に従いコンピュータの性能も指数関数的に向上を続け、GPU（Graphics Processing Unit／画像処理装置）と呼ばれるDeep Learning専用のLSI（Large Scale Integration／大規模集積回路）も登場した。特にDeep Learningの性能を大きく左右するGPUの性能向上は著しく、世界的な半導体不足の状況となるとGPUの奪い合いが発生するほどである。

では、現在まで続く第3次AIブームは、過去2回の失敗に終わったと評されるブームとはどこが異なるのか？　それは、第3次AIブームが、これまでのブームのように新技術の登場により研究側から起こったのではなく、産業側から起こったという点である。Deep Learningの潜在的に高い性能を発揮できる環境が整い、産業として実際に活用できる段階に至ったことが、ブームが起こる契機となっている。今回のブームが大学や研究機関よりも、民間企業や多くのAIスタートアップで盛り上がっているのはそれが理由であり、過去2回のブームとはその構造が異なるのだ。

そして2020年に入る直前、Deep Learningの過熱ぶりが落ち着きを見せて着実な社会浸透に淡々とシフトしていく……と思われた矢先、Deep Learningを基盤とする生成A

I技術が登場し、第3次AIブーム立ち上がりの頃の過熱ぶりを大きく凌《しの》ぐ世界的な盛り上がりが始まることになった。しかもこの盛り上がりはこれまでと異なり、熱量だけでなく、質も変化していた。それまでの「新たな技術への期待」から、「社会を良くも悪くも大きく変革する技術としての関心」へと大きく舵《かじ》が切られたのだ。AIは単なる技術から、人類の行く末を左右する、あるいは地球環境レベルの現象を引き起こす、人と密接に関わる存在へと変貌《へんぼう》しつつあるのだ。

歴史から何を学ぶ?

ここまでで振り返ったAI研究の歴史から学ぶべきことは、端的に言えば「失敗は成功のもと」である。斬新《ざんしん》なアイデアであっても、それが実用化されるにはインフラが整っていなければならないし、アイデアが生まれたときにはその有用性が理解されない場合もある。世界中の研究者が、可能性という多くの種を生み出すからこそ、いずれかの種が将来において大きなイノベーションを起こすのだが、どれが芽吹くかは種が生まれた段階ではわからない。間違いなく言えることは、将来においてイノベーションを起こす種を意図的に生み出すことは難しく、だからこそ多くの種を生み出し続ける必要があるということだ。

直近を見た研究ばかりでは将来のイノベーションを起こすことはできない。資源に乏しく、先進各国に比べて生産性が低いと言われる日本においてはイノベーションのみが国を豊かにする唯一の道であるとしたとき、どのような研究に重きを置くべきかは自明のはずだ。

では、生成ＡＩが登場してＡＩがさらに進化しようとしているなか、そしてすでにＩＴ先進国からＩＴ後進国になってしまっている日本において、これを契機としてイノベーションを起こし、自国の経済浮揚に繋げることができるのであろうか？　これまでもＩＴの導入やＤＸ化など、「この機を逃してはいけない」という類いの議論が繰り返されてきているが、今回のタイミングを逃すと本当に取り返しのつかない状態になるかもしれない。そのためにも我々は一度、生成ＡＩにまつわる一連の出来事をきちんと知っておく必要がある。ここにおいても我々が学ぶべきことがあるのだ。

第2章　生成ＡＩには何ができ、何ができないか

Deep Learningという技術のいったい何がすごいのか？

前章で見たように、第3次ＡＩブームの火付け役は「Deep Learning」と呼ばれる、数《あま》多《た》あるＡＩ技術のなかの、これまた数多ある機械学習技術の一つであった。ＡＩに学習データが与えられると、我々が意図する知的な処理を自ら学ぶことを可能とするＡＩ技術であり、前述のように１９６８年にもととなるニューラルネットワークのアイデアが提案されてから、時間をかけて熟成されてきたものである。これは一言で説明すると、人間の脳を真似た技術である。

個々の脳神経細胞は、他の複数の脳神経細胞からの電気信号が入力されるための接続と、その脳神経細胞自身からの出力としての電気信号が、入力に関わる脳神経細胞とは別の他の一つの脳神経細胞のみに伝達される接続を持つ。入力側の複数の脳神経細胞からの電気信号の合計がある大きさを超えると、その脳神経細胞から出力側の一つの脳神経細胞に電気信号が伝達されるのである。

このような伝達がバケツリレーのように行われることで脳全体が機能している。おわかりかと思うが、個々の脳神経細胞がやっていることは電気信号の伝達というごく単純な作業だ。文字を認識したり論理的な推論をしたりといった知的作業はいったいどうやって可能になるのだろうか？　まさに不思議である。

1968年に考案されたニューラルネットワーク[7]は、これをコンピュータ上でプログラムとして表現したものである。当然、当時のコンピュータの能力からして脳と同じレベルである2000億個のニューロンをプログラムとして実装できるわけはなく、せいぜい数十個のレベルだった。一つひとつのニューロンの接続の仕方は脳神経細胞と同じだが、プログラムで書かれていることから、やりとりされるのは、電気信号ではなく数値である。よって、脳神経細胞間において「流れる電気信号が大きい」ということは、ニューロン同士の接続においては「大きな数値がやりとりされる」ことを意味する。

では、我々の脳が「学習する」とはどういうことかというと、「脳神経細胞同士の繋《つな》がりの強さが変化すること」である。何かをしっかり学ぶと、その学びに関わる脳神経細胞同士の接続が強くなり、電気信号が流れやすくなるイメージである。逆に学習しないと、ネットワークが分断されることになる。この脳神経細胞同士の接続の強さは、ニューラルネットワークにおいては、ニューロンとニューロンの接続の重みの変化に相当する。重みがゼロの場合、ニューロン同士の繋がりは切断されているという意味である。つまり、ニユーラルネットワークにおける「学習する」とは、ニューロン同士の接続の重みの獲得であるということになる。

脳を真似るという画期的なアイデアも、第1次AIブームにおいてはアイデアが先行して実用化にはほど遠く、〝使えない技術〟というレッテルが貼られてしまったわけだが、長い年月を経て、コンピュータの性能が劇的に向上し、インターネットが登場することによって、多くのデータを集めることも可能となった。何より、失敗したと評されたニューラルネットワーク研究をそれでも粛々と続けてきた偉大な先人たちのお陰で、日の目を見ない中でも淡々と技術革新が進んでいたのである。そして2011年、唐突にDeep Learningという名前で国際舞台に登場したのだ。翌年の2012年には、全国紙に掲載されるにしてはマニアックな図が紙面に掲載されることとなった。その記事の主旨は、「GoogleというIT企業が開発した新しいAIに猫の画像を多数読み込ませたところ、猫を見分ける画像認識能力を人が教えることなく自ら獲得することに成功した」というものであった。この「新しいAI」こそDeep Learningだったのである。

ここで誤解が生まれないようにする必要がある。「猫を見分ける能力（を自ら獲得する）」

というのは、猫という生き物のことを「猫」と呼ぶことを学ぶということではない。猫というモノが犬などの他のモノと外見の特徴が違うということ、そしてどの猫を見ても、同じ種類の外見である、ということを学ぶ能力のことである。そもそも猫というモノを「猫」と呼ぶのは日本語だけでの話であり、他言語ではそれぞれ異なる呼び方をする。また、それは親などから教えてもらうものであり、自分から学ぶことはできない。親が猫を見て「みーちゃん」と繰り返し呼べば、子どもは猫を「みーちゃん」と呼ぶようになるのも、そう教えてもらっているからである。

話を戻すと、なぜGoogleの〝猫のＡＩ〟の登場で世界がざわつくことになったのか？　実は、Deep Learningが登場する以前の「猫を識別させるＡＩ」の仕組みを知れば、しごく当然のことである。大雑把に言うと、Deep Learning以前のＡＩにおいては、人が猫を識別するための特徴、例えば「瞳孔《どうこう》が縦長である」とか「顔が丸い」「鼻は犬のように突き出ていない」など、人が言葉として説明できる猫の顔の様々な特徴をプログラムとしてＡＩに教え込むのである。すると、ＡＩは画像が提示されると、人から教えられた猫を識別するためのチェック項目を一つひとつ確認し、すべてのチェック項目において該当すれば、「入力画像は猫である」と認定する。特に問題なさそうである。我々人は誰でも猫を見ればそれを猫と認識することができる。その我々が言葉として猫を認識するためのチェック項目をＡＩに教え込むのであるから当然であろう。しかし、そのＡＩは人間のレベルほどの精度で猫を識別することができなかった。どこに問題があるのかといえば、実は原因は我々にあったのだ。

例えば、子どもの頃を思い出してみよう。初めて自転車に乗るときには、バランスのとり方で皆苦労したはずである。親はいろいろとコツを教えてくれるが、その通りにやっても転んでしまう。親にしてみれば、自分がバランスをとって自転車に乗るときのコツを最大限言葉にして伝えているはずである。そう、我々は脳で行われている処理のすべてを言葉として表現することができないのである。

これは我々の言葉に欠陥があるということではない。そもそも我々人は社会性のある生物であり、皆が協力することで生き残ってきた。そして協力する際に人間にとって重要なものが言葉によるコミュニケーションである。だからといって、緊急事態のとき、お互いの意思を伝え合うために延々とやりとりしていたら、その間に大変なことになってしまうかもしれない。当然、必要最低限なコミュニケーションで済ませるように進化したはずである。多くのやりとりをするということはそれだけエネルギーも必要となる。地球環境において生き残るためには省エネであることも重要なはずで、そのためにも社会性を維持する最適なコミュニケーション手段として言葉が生まれたと考えるのが自然であろう。そもそも、脳での処理のすべてが言葉となった途端、相手に何を伝えればよいかを選択する必要も出てきてしまう。つまりは、伝えるべきことのみが言語化されるように進化してきたと考えるのが自然だ。

猫の外見の特徴を相手に伝える際も、普段我々が言葉として表現する説明でとりあえずは十分ということなのであろう。しかし、脳では猫を識別するためにもっと多くの詳細なチェックがされていて、それらのごく一部しか言語化されず、言語化された情報のみで猫を識別しようすれば、当然認識性能が落ちてしまうというわけだ。

これに対しGoogleの〝猫のＡＩ〟は、人間の脳と同じようにＡＩが自ら猫の外見の詳細な特徴を獲得することに成功したというのだから、世界が驚いたのである。新聞に掲載された図には、Deep Learningが獲得した猫のイメージ画像も添えられていたが、それは猫のリアルな顔そのものであった。これこそがDeep Learningの最大のブレークスルーだったのだ。モノの外見の特徴を見抜くことができるということから、このような学習能力のことを「表現学習」と呼ぶ。そしてこの表現学習という能力が生み出されたからこそ、後にこの能力を土台とする生成ＡＩが誕生したのである。

Googleの〝猫のＡＩ〟のニュースは間違いなく世界を驚かせたが、それを上回るレベルで世界がDeep Learningのすごさに心底驚かされたのが、AlphaGoという囲碁プログラムがプロ棋士に勝った２０１６年の出来事である。それはもう大事件といってもよい。

チェスや将棋のプログラムにおいては、基本的に相手の手を先読みする方法が駆使されてきた。膨大な手の組み合わせをチェックし、自分に有利な手を見つけるというわけである。しかし、ご存じのように囲碁はマス目の数がチェスや将棋にくらべてはるかに多く、考えられる手の組み合わせ数は宇宙に存在するすべての原子の数より多いと言われるくらいである。プロ棋士は極めて高いレベルで次の一手を選択することができる一方で、現代のコンピュータを使っても先読みすることはなかなかに難しいのだ。

そこでAlphaGoでは、Deep Learningが猫の画像から猫の詳細な外見の特徴を抽出できる能力に着目した。対局の盤面を上からカメラで撮影し、その画像をDeep Learningに入力し、対局の詳細な状況、すなわち碁石の位置関係から読み取れる膨大な特徴を抽出して、次の手を決めるために利用したのである。

テレビでの対局中継の際、解説者によるわかりやすい実況・解説がされるが、これも先ほどの猫の例と同じく、人が対局から読み取れる特徴を言葉として表現したものであり、実際には解説者の頭の中ではもっと多くの特徴が抽出されているはずである。Deep Learningを取り入れたAlphaGoは、対局の画像からプロ棋士が脳で読み取っているのと同じレベルの詳細な特徴を抽出し、それを次の手を決めるために利用することで、２０１６年3月に当時の世界トップ棋士であったイ・セドル氏に勝利を収めたのである。

なお、チェスでＡＩが人間のチャンピオンに勝ったのは１９９７年とずいぶん昔のことである。情報処理学会が将棋においてＡＩが人間を超えたと声明を出したのは２０１５年だ。次はいよいよ囲碁への取り組みとなり、さすがに囲碁となると人を超えるには時間がかかるだろうと思われていたのだが、蓋《ふた》を開けてみればＡＩが将棋で人間を超えてから１年足らずで囲碁でも人間に勝利したのである。驚きはさらに続き、その勝利から1年もたたないうちにオンライン対戦サイトに謎の囲碁ソフトAlphaZeroが登場したのである。AlphaGoがこの囲碁ソフトに歯が立たないのだ。AlphaZeroというこの囲碁ソフト、実はAlphaGoを生み出したDeepMind社が開発したものであった。AlphaGoは最初の段階では人間が教える教師あり型のＡＩであったのに対して、AlphaZeroは教師なし型である。

最初はルールもわからずデタラメな手を打つものの、徐々にルールを自ら学習し、数時間のうちにプロレベルに上達してしまう驚くべき能力を有していた。

ここで注目すべきは、チェスから将棋を経て囲碁に至るまでの年月経過における、AIの性能が向上するスピードである。横軸を時間、縦軸をAIの知的レベルとすると、時間の経過とともに一定の割合で知的レベルが向上する変化を想像されるかもしれない。もしそのような線形の変化であれば、過去数年での知的レベルの向上と同じくらいのレベルアップがこれからの数年で起こることを見積もることもでき、AI技術の進展を見積もってその先んじたビジネス活用の方策を考えることもできるかもしれない。

しかし、実際はそうではなく、知的レベルは指数関数的に向上したのである。こうなると、未来を予測することはなかなかに難しくなる。過去の成長をはるかに超える成長、すなわち、現時点では想像できないイノベーションが起こることを意味しているからだ。しかも、このような劇的なAIの性能向上はチェスや囲碁といった特定のゲームAIのみで起こっていることではない。生成AIもそのような加速的なAIの性能向上のなか、生まれたのである。数年後にはさらに進化したAIが登場しているはずだ。

流暢な言語でのやりとりを可能とした生成AI

Deep Learningは猫の例からもわかるように、当初は画像や音声といったデータに対する認識においてその高い能力を発揮した。今や国際空港での出入国ゲートに広く導入されている顔認証システムにもDeep Learningが使われているし、最も身近なのがスマホの顔認証機能だろう。

一方、我々にとっては画像や音声などの個々のデータだけでなく、「そのデータが時間的に変化する性質を持つ場合、どのように変化するのか」、つまりデータの変化の仕方の特徴も重要である。このような時間的に変化するデータのことを時系列データと呼ぶ。最も身近な時系列データが言葉である。言葉とは単語が時系列に並んだデータなのだ。これ以外にも、その変動に世界が一喜一憂する株価データや気象データなど、多くの時系列データがある。時系列データの特徴とはつまり、「データの並び方の特徴」ということになる。

Deep Learningにおいては、時系列データの特徴を学習する手法としても様々な方法が提案されてきた。RNN（リカレントニューラルネットワーク）やLSTM（Long Short-Term Memory）などの手法が有名であるが、これら生成AIが登場する以前の技術では、学習する時系列データが長くなると学習の性能が落ちてしまう技術的な課題があった。時系列データの最後のほうに入力されたデータに対して、最初のほうのデータから取り出した特徴が薄れてしまうのだ。しかし、イノベーションは起こるものである。２０１７年にGoogleの研究者たちが画期的な技術を生み出した。それがTransformer（トランスフォーマーという、映画のタイトルのような名称である）と呼ばれる技術である。元々は言語翻訳のために開発された技術であるが、ChatGPTを始め、画像を生成するＡＩで有名なStable DiffusionやMidjourney、そして、テキストに加えて画像や音声までをも入力として利用でき、同じくテキストに加えて画像や音声、動画など多様なメディアを生成可能とするマルチモーダルな基盤モデルであるGeminiなど、これらすべての生成ＡＩにおいてTransformerが基盤となっている。

Transformerは一つひとつの単語（データ）が、その単語の前後に位置する膨大な数の単語とどれくらい関係しているのかの度合いを学習できる画期的な手法である。例えば、「今日」という単語が来れば、次に来る単語は「は」とか「も」が多い。そして「今日は」と来れば次に来る単語は「晴れ」とかが多い。しかし、「今日も」と来ると、「雨」や「猛暑」といったネガティブな単語が続くことが多い。このように単語同士はデタラメに繫がるわけでなく、そのときの状況や文脈に基づき、何かしらの理由によるもっともらしい繫がり方をしている。

こうした単語と単語の並び方から連想されるのは、誰もが学校で習ったであろう文法だが、ＡＩは文法を学習しても、文章をきちんと認識できるようにはならない。文法とは文字通り、単語と単語の繫がり方の規則のことであり、新聞や書籍などのきちんと校正がかけられた文章は文法に従って書かれている。しかし、果たして我々は日常生活における独り言から他人との雑談、あるいはＳＮＳへの書き込みなどにおいて、常に文法に従ってしっかり話したり書き込んだりできているかといえば、そうではない。そのためＡＩは、単語と単語の繫がり方を人が言葉として書き示した規則である文法を学習したとしても、日常に溢《あふ》れる雑談やＳＮＳでやりとりされる文章をきちんと認識することができなかったのである。

これは、前述の猫の認識において、人が猫を認識するためのルールをＡＩに教え込んだものの性能が発揮されなかったことと同じである。単語同士の並び方の特徴を人がルールとして表現したのが文法だとすると、我々が日常で繰り出す言葉のすべての特徴をルールとして書き下すことはそもそも難しいということである。

この壁を打ち崩すためのアイデアが、「文法のことは忘れて、ひたすら単語と単語の繋がり方を学習してしまおう」という大胆な発想であった。ただし、この手法が使い物になるためには、大量の文章データと、そこから単語の繋がり方の特徴を抽出できる手法の二つが必要である。Deep Learning が登場する以前から、単語の繋がり方を学習する手法はいろいろ提案されていたが、文法に基づく手法に比べればかなりの性能を発揮したとはいえ、人のように流暢《りゅうちょう》にしゃべるレベルからすると、まだまだ突き抜けていなかった。今から思えば Deep Learning 以前の手法には表現学習能力が備わっていなかったことが最大の理由であろう。

これを可能としたのが Transformer であったわけだ。ただし、Transformer を利用した方法も、従来手法より高性能であったものの、当初は我々からのどんな問いかけに対しても人間同士のやりとりのように返すレベルまでには到達できていなかった。しかし、2021年に衝撃的なことが起こった。

生成AIに限らず、学習するタイプのAI開発においては、考慮すべき三つの要素がある。ＡＩに学習させるためのデータの量と、ＡＩ自体の大きさ、そしてＡＩを動かすためのコンピュータ環境の規模である。

データであれば大量であることが必要である。また、ＡＩ自体の大きさというのは、ニューロンの数の多さ（これはパラメータ数で表現される）のことである。生成ＡＩは脳を模したDeep Learning技術が土台であるから、多数のニューロンで構成されているわけで、これが多ければ多いほど多くの学習が可能となる。

そして、肝心なのが、どれくらいのデータを集め、どれくらいのＡＩの大きさにすればどれくらいの性能のＡＩを構築できるのか、という具体的な見積もりである。例えばChatGPTクラスの生成ＡＩの構築には１００億円以上かかっている。期待した性能が得られる確証なくしてこれだけの投資はできないのは当然であろう。

一方で、開発の初期段階においてはそのような算段ができるわけもなく、小規模なサイズでＡＩを構築し、性能が発揮されなければサイズを大きくする、という実験を繰り返すことになる。そうしたなか、先見の明というべきか、Googleの研究者たちは2倍、３倍……とサイズを大きくしたのではなく、10倍、１００倍……と指数関数的に大きくしていったのである。通常、あるデータ量で実験してうまくいかなかった場合、データ量を2倍、

3倍にしてやってみるのが一般的な感覚だと思うが、彼らは指数関数的に大きくしたのである。それでも性能がなかなか発揮されないなか、10の23乗というサイズになった途端、いきなりＡＩの性能が唐突に向上したのである。

いきなり流暢な言い回しでＡＩが答え始めたので、開発していた当の本人たちでさえ驚いたのは当然であろう。これまでそのようなＡＩは存在すらしなかったのである。「我々は危険なＡＩを開発してしまったのでは？」と思い、即座に研究を止めるべきだと考えた研究者もいたが、その主張は理解されず、解雇されてしまった。もちろん、流暢にしゃべるからといって、そのＡＩに意識や自我までもが芽生えたわけではなく、単に我々のようにしゃべる能力が獲得されただけであったものの、人以外で人のようにしゃべることができる存在はそれまでなかったわけで、偉業であることは間違いない。ＡＩを人のように感じてしまったのもうなずけるところである。

後にわかったことだが、学習に投入されるデータ量とＡＩの大きさ、そしてＡＩを動かすためのコンピュータの計算能力を指数関数的に大きくすることで、ＡＩの性能の向上を見積もることができ、それは言語モデルのスケーリング則と呼ばれる。興味深いことに、

ChatGPTと、より高性能なGPT-4とでは、学習に利用されているデータは同一である。ただしGPT-4のほうがＡＩとしてのサイズが極めて大きく、それだけより長い文での単語と単語の繋がり方を学習できるということである。「データ量・ＡＩの大きさ・環境の規模」に関する特性がわかってきたことで、巨額を投じての生成ＡＩ開発競争が始まることとなり、そのなかでOpenAIはChatGPTの開発に成功したわけである。

今やGPT-4を始め、ClaudeやGeminiなど、ChatGPTを上回る性能の大規模基盤モデルがめまぐるしく登場しているが、ChatGPTがスケーリング則に基づき最初に突破した壁とは何だったのか？　流暢にしゃべったり、長文の要約ができたり、表計算やプログラムのコードを生成したりすることを可能にするため、突破した壁があるはずだ。それは、第２次ＡＩブームが突き当たった壁、「常識や暗黙知を利用可能にするための壁」だったのである。

我々が日常において、あるいはChatGPTとの何気ないやりとりをするときにおいても、特に深く悩むことなく思考できるのは、常識があるからである。常識があることで、常識についての深掘りはしないし、常識は皆が等しく持つ知識であることから、いちいち説明する必要もない。我々がChatGPTに書き込むプロンプトの文章にしても、常識的な文章であろう。ChatGPTが学習に利用した文書量は我々の想像を超えるような圧倒的な量であり、その中には常識や暗黙知といった情報も多く含まれていることは確実である。

Deep Learningが登場する以前においても巨大な知識ベースを構築する試みはあったものの、集めた知識同士をどのように関連付けて利用するのかを人が設計するやり方であったこともあり、なかなか性能が突き抜けなかったのである。これに対してTransformerは、長い文章における単語同士の関係に対する表現学習によって繋がり方の詳細な特徴を獲得する手法であり、この、データとデータの繋がりの表現学習を可能とする手法が発明されたことで、AIを新たなレベルに押し上げることとなったのだ。

第1次、第2次AIブームはそれぞれ失敗し、その後AI冬の時代に突入したというのが現在の見方になっている。短期的に見ればそのような解釈となるのは致し方ないものの、生成AIが登場した時代から振り返ってみると、違った捉《とら》え方ができるのではないだろうか――やはり「失敗は成功のもと」ということだ。

第1次AIブームでは、初期の頃こそおもちゃレベルの問題しか解けなかったが、コンピュータの高性能化やインターネットの拡充といったインフラの整備を経て、２０００年に入りDeep Learningが実用可能になる段階に至り、第１次ブームの初期の頃に生み出された多くのアルゴリズムや手法が実問題の解決に利用されるようになったと言える。つまり、第１次ＡＩブームは途中で〝苦労〟したものの、第３次ＡＩブームの始まりをもって成功に終わったと見るべきではないだろうか。第２次ＡＩブームにしてもそうだ。壁になっていたＡＩによる人の持つ常識の取り込みも、ChatGPT級の大規模言語モデルの開発をもって、その壁を乗り越えつつある。こう見れば、第２次ＡＩブームも、ほぼほぼ成功裏に終わりつつあると言える。

ChatGPTの成功をもたらしたAIアライメント

ChatGPTを開発したのはOpenAIであるが、実はGoogleやMeta（当時はFacebook）のほうが大規模言語モデルの開発は先行していた。開発した言語モデルの公開もOpenAIより1年も早く行っているのだが、モラルに反する回答をしたり学術的な内容で間違ったことを言ったりするといったことから炎上してしまい、早々に公開を停止した経緯がある。

そんな中、当時は恐らくほとんどの人が聞いたことのなかったOpenAIという名前の会社も、大規模言語モデルの開発を進めていたのだ。なぜ社名がOpenなのかというと、最先端のＡＩ技術を一部の企業が独占することは好ましくなく、最先端の研究を行い、その知見をオープンにすることを目的としているからとのことである。巨大ＡＩ企業に一歩リードされたものの、それは結果的にOpenAIには幸運だったのかもしれない。単に流暢なやりとりが可能となったからといって安易に公開してはいけない、ということを学ぶことができたからである。

そこでOpenAIは1年間を費やして、しっかりした安全対策を施したのである。開発中の大規模言語モデルヘプロンプトを入力し、それに対する回答を人がいちいちチェックして、モラルに反するような回答をしないように調整するという、面倒かつ膨大な作業を行ったのだ。ＡＩに対して調整を施すこのような作業のことをＡＩアライメントと呼び、極めて重要な作業となっている。ただし、ChatGPTばかりが注目されるが、今や良くも悪くも多くの生成ＡＩが日々登場しているような状況であり、大規模言語モデルにおいても、すべてでしっかりしたアライメントが施されているわけではない。

なぜChatGPTの登場をＡＩの民主化と呼ぶのか?

ChatGPTの登場に世界中が驚かされたわけであるが、同時に「ＡＩの民主化」が実現されたと評する言い回しもよく聞く。どういうことなのか？

有用なテクノロジーとはいえ、その恩恵が多くの人に届いてこそ意味がある。さらにはそのようなテクノロジーを一部の人のみが使えるのではなく、多くの人が道具として利用し、そのメリットを享受できることが理想だろう。これまでもそのようなテクノロジーの民主化が世界を大きく前進させてきた。なかでも18世紀の産業革命での蒸気機関の登場と、１９８０年代に登場したインターネットが、前者が人々の移動において、そして後者がコミュニケーションにおいて、偉大なテクノロジーの民主化を実現した出来事であったことは間違いない。

そして、三度目のテクノロジーの民主化がChatGPTを始めとする生成ＡＩの登場と言えるのかもしれない。それまでのＡＩは専門知識を持つ研究者や技術者しか使いこなすことができなかった。しかし、ChatGPTは最先端のＡＩでありながら、スマホやパソコンがそれなりに使える人であれば容易に利用することができる。２０２０年からのコロナ禍による移動の自粛を受けて、リモートワークなどでインターネットを活用するためのインフラ整備が大きく進んだことも結果的に追い風となった。

誰でも使えるようになった——正確には、最先端ＡＩを使うべき人が、その人のＡＩリテラシーが低くても、そして、ＩＴ技術から距離を置いていた人であっても使いこなすことを可能にした——ということのもたらす効果は絶大であろう。さらに付け加えるなら、誰もが最先端ＡＩを「言葉」で使いこなすことができるようになったということの影響は大きい。膨大な文書の要約や、スピーチの原稿作成、表計算、画像や動画の生成を、言葉で指示するだけでやってくれるのである。これまでの情報処理の仕方の概念を１８０度転換させてしまったのだ。

認めたくないもののＩＴ後進国となってしまった日本において、国をあげてＤＸ推進が呼びかけられている。ＤＸとは、総務省の白書[8]によると、「企業が外部エコシステム（顧客、市場）の劇的な変化に対応しつつ、内部エコシステム（組織、文化、従業員）の変革を牽引しながら、第３のプラットフォーム（クラウド、モビリティ、ビッグデータ／アナリティクス、ソーシャル技術）を利用して、新しい製品やサービス、新しいビジネスモデルを通して、ネットとリアルの両面での顧客エクスペリエンスの変革を図ることで価値を創出し、競争上の優位性を確立すること」である。より具体的には、「人」がデジタルインフラを効果的に活用できるようにすることでのイノベーション創発がＤＸの意味するところであるが、これが、今後は「人から依頼を受けた『ＡＩ』」が主体に代わることで、ＤＸも進んでいくようになるかもしれない。

ここで重要なのが、人にはＡＩを使うための特定のＩＴリテラシーは不要であり、言葉でＡＩにやってほしいことを伝えるだけになるということだ。ＤＸを活用する主体が人からＡＩにバトンタッチすることになり、人の役割はデジタルインフラを活用することではなく、デジタルインフラを活用して「何をしたいのか」を考えることに集約される。ＡＩを活用することで、ＩＴリテラシーがあろうがなかろうが誰もがＤＸをフル活用できるようになり、どこからでも圧倒的な効率化とイノベーションを起こすことが可能になるのである。

テクノロジーの持つ光と影

いいことずくめの生成ＡＩのように思えるかもしれないが、テクノロジーの光と影において、光は即効性があるが、影は時間をかけて顕在化する。そして大方において影の影響のほうが厄介な問題となる。

ChatGPTが注目され始めた頃、小学生が書籍の感想文を書く課題に対して、ChatGPTを使って感想文を生成させ、そのまま提出してしまうことができる、といった指摘が多々見受けられたが、そうしたことはもちろん可能だ。しかも相当に優秀な内容を簡単に生成できる。ただし、だからといってこれをもってChatGPTはよくない、と言うのはデタラメな議論であろう。

この〝感想文の問題〟の根源は、小学生がChatGPTを使ってしまうそもそもの動機にある。感想文を書く目的は、文字通り書籍を読んで自分が感じたことを文として表現することにある。提出されたものに対して教師はその内容を評価して点数を付けるわけだが、このとき、そもそもどうやって点数を付けるのだろうか？　今更であるが点数を付ける基準とはどういうものなのか？　文を書く能力を評価するのであれば、感想文である必要はなく、また文字数が多かろうと少なかろうと各自の感じたことがしっかり書かれていれば全員満点であろう。「主人公の気持ちについて考えてみよう」といった設問が用意されている場合もあろうが、それは読解問題としての課題であり、感想文としての課題ではない。

無論、教師は生徒の感想文をきちんと読み込む必要があるし、感想文に対するしっかりとしたコメントを返すべきでもある。しかし、本来の趣旨が生徒に理解されないまま、単に感想文を提出することが目的となっていれば、しかも、作文用紙を埋めることが高得点になるという暗黙の認識があればなおさら、生徒にChatGPTを使う選択をさせてしまうのではないだろうか。

教えること、学ぶことにおける教育システムの根幹の見直しが最先端ＡＩの登場により強制的に必要になったということであり、これは大変なことではあるが、好ましい展開であろう。その意味でも生成ＡＩの登場が意味するところは深いものがある。

記憶力や計算力にどうしても比重が置かれてしまうこれまでの教育の仕方が変化しない限り、現状のままだと、若年層における思考力・社会性・状況把握能力・他者理解力・共感力といった、人としての基盤とも呼ぶべき必須《ひっす》能力の低下が知らず知らずのうちに進むことが懸念される。特に中学を卒業するくらいまでは、人格形成において、そして社会性を身につける上で大事な時期であり、このような時期にインターネットやＡＩに過度に接触することは百害あって一利なしと言えよう。

そう言いつつ、ここでＡＩを諸悪の根源としてはならないのだ。根はＡＩの発展の土台となったインターネットのほうにある。

もちろんインターネットの登場は人類の発展に大きく寄与したポジティブな面もあるが、

ここでは置いておく。皆が繋がることで、多様性を認めつつグローバルな世界が実現されることが期待されたインターネットだったが、実際に起きたことは分断であったというのは皮肉な結果である。

ネットの世界では嫌いな人との繋がりを簡単に断ち切ることができる。結果として、フィルタリングされた情報に包囲されるようになり、考えの似た者が集まる小グループが多数生まれることになった。グループ同士は疎遠な関係にあり交わろうとはしない。これは意見の異なる人との接触の減少を招き、ひいては思考力の低下にも繋がる。そして、私たちは大量の有象無象なデータに曝《さら》される状況に陥り、しかもそれらに迅速に対応することを強いられることで、しっかりと何かを考える余裕がそもそもなくなりつつある。さらには悪いことに、脊髄《せきずい》反射的な反応をしていても深刻な問題が起こらず、それなりにやり過ごせてしまうとなると、所詮《しょせん》は楽をしたい生物である人よろしく、ますます熟考などしなくなる。この状況においてChatGPTのようなＡＩが登場すれば、どのように活用されるかは自明であろう。

最先端ＩＴは、高齢層より若年層のほうが使いこなすことができるとも言われる。しかしそれは単に、ITリテラシーという、IT技術を操作する能力が一般的に若年層のほうが高いということを理由とした、表面的な話に過ぎない。最先端AIになると、難解なITリテラシーが不要となり、むしろ何を問いかけるのか、何をどうしたいのか、という本質的な中身の部分が使いこなす上では重要になる。60歳代で定年になったからといって頭脳も定年を迎えるわけではない。論理的に考え、状況を理解したり、文脈を捉えたりする能力においては、年配・高齢層のほうがSNS依存度の高い若年層よりも総じて優れているであろうことは間違いなく、AIに対して適切なプロンプトや指示を与えることもできるはずだ。すると、若者よりむしろ高齢者のほうが使いこなすための潜在的能力が高いということになるのは皮肉な展開である。

「AIの民主化」は、モラルに反する行為をしようとする人間に対しても、ITリテラシーを持たなくても最先端AIを使うことを可能にしてしまうことに留意が必要である。実際、1時間程度で高品質なフェイク動画を作成し、インターネットに公開し混乱を招いた事案もある。今やそれがデマでありフェイクであることを見抜くことが極めて難しい情報がネット空間に当たり前のように流入する事態となっている。本人の声のデータが多少でもあれば、AIによって、本人がしゃべったとしか思えない口調でなりすますことも可能になる。ＡＩにはＡＩをということで、フェイクを見破るＡＩの研究開発も進んでいるものの、イタチごっこの状態である。また、「情報はまず疑え」とか、「内容を確かめてからリポストしよう」などという呼びかけもあるが、確かめて情報の真偽がわかるほど簡単な状況ではもはやなく、かといってすべてを疑っていたら何もできなくなってしまう。つまりは、将来的にインターネットは人が直接アクセスすべきではないメディアになっていくようにも思える。ではどうすればよいのか？　その鍵《かぎ》を握るのもＡＩであり、その可能性については後述する。

汎用ＡＩの誕生

ChatGPTの登場が意味するブレークスルーについてはすでに述べてきたところであるが、これまでのＡＩが到達できなかった汎用《はんよう》ＡＩ（ＡＧＩ／Artificial General Intelligence）の領域に突入したという点でも、極めて大きな偉業と見ることができる。

従来のＡＩは、銀行のオンライン窓口での自動受付など、必要となる能力が限定された環境において利用されてきた。このようなＡＩのことは用途限定ＡＩと呼ばれる。用途が限定されるということは、ＡＩによる応答の仕方もパターン的なもので済むし、用途以外のことに対しては答える必要もなかった。しかし、そんなＡＩが我々と自由に雑談する能力を持ったとしたらどうだろう。我々からの問いかけの仕方や内容は多様であり、会話のテーマは何でもありで、単純な問い合わせのような聞き方だけでなく、アイデアを求められたり、感想を求められるかもしれない。まさにChatGPTはそのような使い方ができ、人からの問いかけに対してすべてにおいて流暢な言葉で反応することができる。すなわち、これまでのＡＩが到達できなかった汎用性を持つＡＩが誕生したということである。

ここで汎用ＡＩと言われると、ドラえもんや鉄腕アトムのようなものを想像される人もいるかもしれないが、そうではない。汎用ＡＩはキャンプで使う多目的ツール（十徳ナイフ）のようなものを想像するとよい。ナイフやドライバー、ノコギリといったいろいろな道具が一つのツールにまとめて収納されている、まさに汎用ツールである。ここで重要なのが、このツールを使うべき場面において、どの機能を選ぶのかはツールを使う「人」が決めなければならないということだ。汎用ＡＩも、人が使う〝道具〟としてのＡＩ（道具型のＡＩ）なのである。

ChatGPTは汎用性を獲得した最初のＡＩであり、何を聞いても適切に回答してくれる。表計算もできればプログラムも書いてくれる。でも、我々からの問いかけがなければ何も動作することはない。我々が使う道具であることに変わりはない。そのため、ChatGPTの登場をもって「AIの民主化」に繋がるという話をしたばかりであるが、本来は「人が直接使うには扱いにくいAI」なのだ。汎用ツールを器用に使いこなすにはノウハウが必要であるのと同じく、ChatGPTを使いこなすには、どのような用途で使うのかによって適切なプロンプトの書き方も異なるわけで、プロンプトの書き方における高いノウハウが必要となる。そのようなノウハウを知らずに使っている間は、汎用AIとしてのChatGPTの能力を引き出せていないことになる。

では、ドラえもんや鉄腕アトムは「道具型の汎用AI」ではないとして、どのようなAIなのかといえば、「自律型のAI」ということになる。少しわかりにくいのでここで整理しよう。

米国の哲学者ジョン・サールが1980年に発表した「Minds, Brains, and Programs」という論文の中で示した考え方として、「弱いAI／強いAI」というものがある。ここでいう「弱いAI」が指しているのが用途が限定されたAIのことであるため、その反対の「強いAI」というのは用途が限定されないAI、つまりは汎用AIのことなのかと誤解されることもあるのだが、そうではない。サールの定義した強いＡＩの典型的な例が、ドラえもんや鉄腕アトムなのである。

ドラえもんや鉄腕アトムは何でもできる高い汎用性を持つＡＩであることは間違いないが、では前述の汎用ＡＩとどこが異なるのかといえば、状況に応じて自らがどの機能を使うかの判断までする能力を持っているということだ。このようなＡＩは自律型ＡＩと呼ばれ、こうなると、もはや我々生物にかなり近づいた存在といえる。ドラえもんや鉄腕アトムなどのＳＦに出てくるお馴染《なじ》みのロボットたちはまさに自律型ＡＩである。

自律的に行動を起こすには何らかの動機、目的が必要となる。我々生物の場合は根源的な動機、すなわち目的は、当然であるが「生きること」である。もちろん日常生活において我々は、生きるために勉強するとか、生きるために掃除する、などと意識することはないが、生理的な意味での適度なストレス状態の維持や、交感神経・副交感神経のバランスの維持が人にとっての暗黙的な目的と見ることができる。各自の仕事や勉学における目的も、根源的には生存することに繋がっている。目的があってこその自律システムである。

つまり、多目的ツールとしてのＡＩが、自律性を持つということは、何らかの目的を持っているということになる。そして、そのような目的を持つ自律型システムに対して、我々は何らかの自我や意識があるように感じてしまうのである（サールは、強いＡＩは意識を持つと定義した）。

そもそも人は、自律性を持たず、あらかじめ決められた動作を自動的に実行する機械に対しても、その動作の内容が複雑であったり、適度にランダムな動作が組み込まれていたりすると、その機械に対して自我や意識を感じてしまう生き物である。犬型ロボットや育成型ゲームなどにどれほどの人々が感情移入したことか。恐らくは我々ホモ・サピエンスが地球上に登場した世界において、動くモノは生物のみであり、さらには我々を捕食する危険な生物であるかどうかの識別能力が本能的に最も重要であったはずだ。よって、動くモノにおいても、無機質なモノと、スライムのように生物を想像させるモノとでは、後者のほうが気になるのだ。無機質な金属のような生物と人類は出会ったことがないからである。なので、映画においてエイリアンなどの不気味さを醸し出すためのアイテムが「よだれ」なのであろう。

今や、汎用ＡＩという言葉が、「自律性を持つ汎用ＡＩ」という意味合いで用いられるケースが標準になっているが、我々人間レベルの高い自律性を持つＡＩはまだ登場していないということをここでは押さえておいてほしい。ただしこれも、時間の問題ではあるが。

System1とSystem2

「弱いＡＩ／強いＡＩ」に触れたところで、ＡＩについて考えるときに押さえておきたい概念として、心理学用語の「System1 とSystem2」についても紹介しておく。

簡単に言えば、System1 は「速い思考」、System2 は「遅い思考」となる。我々はパターン的な行動や熱いものを触った瞬間の脊髄反射的な行動などの即応的、つまりは速い思考に分類される知能と、時間をかけてしっかり思考してから行動する熟考的、つまりは遅い思考に分類される知能の両方を、適宜使い分けることができる。虫はSystem1 の知能のみを持つということになる。

Deep Learning が登場する以前の従来のＡＩにおいてもSystem1 とSystem2 を両立させるためのいろいろな方法が提案されており、実は、今や自宅でも利用されているロボット掃除機にこの機能が搭載されている。ロボット掃除機は部屋のレイアウトを考慮しつつ効率的に掃除をする。まさに熟考的な知能が活躍している。しかし、人が目の前を急に横切ろうとすると、瞬間的に止まるか、ぶつからないように方向転換をする。これは即応的な知能による対応である。

Deep Learningが登場した後も、ChatGPTレベルの生成AIが登場するまでの間は、画像を瞬時に認識するなど、認識できるレベルは極めて高いものの定型的なSystem1の能力であったことから、次の課題はDeep LearningによるSystem2的な能力の実現であるとされていた。しかし、ChatGPTの登場が、System1とSystem2という区分けを意味のないものにしてしまった。なぜなら、「即応的な速い思考での熟考」を可能にしてしまったからである。

人間はしっかり熟考するには時間がかかる。だからこそSystem2は「遅い思考」と定義されているのである。しかし、ChatGPTは、我々が回答に時間を要するような問いかけに対しても、瞬時に、濃い内容で回答する。つまりは熟考すら速い思考でやってのけるのである。その意味では、Deep LearningによるSystem2的な能力の実現もChatGPT登場をもってかなり達成されたと言えるのだ。

ただし、ここで「かなり」と表現したのには理由がある。

ChatGPT といえども万能ではない

汎用性のあるＡＩであり、熟考すら可能としたChatGPT であるが、ChatGPT の土台であるTransformer は、単語の繋がり方の特徴を学ぶ仕掛けである。そんな仕掛けにもかかわらずこれだけのことを可能にしたことは驚きであるものの、万能とはさすがに言えない。まず、高度な論理的思考や数学的な思考はTransformer 単体では難しい。また、System2的な思考をSystem1 のような速い思考で可能としたことは間違いないものの、それはChatGPT が持つ学習で獲得した知識の範囲に閉じた熟考である。もちろん、「閉じた」といってもChatGPT が持つ知識量自体は絶大な大きさであるのだが、とはいえ我々が何かを熟考するとき、頭にある知識のみを材料とすることはまずないはずだ。

我々は常にその場の状況を考慮しつつ、速い思考や遅い思考を駆使して行動しているはずである。常に目や耳といった五感から周りの状況や相手からの音声を取り込み、それらの情報をもとに、自らの何らかの目的を達成すべくその時々におけるそれなりに最適な行動を能動的に選択しつつ次の行動を決定しているのである。よって、突発的なことが起これればそれまでの行動を瞬時に変更することすら、当たり前のようにできる。ChatGPT にはこの適応的な思考ができないのである。あらかじめ与えられた知識のみを対象とした思考しかできないのであるから当然であろう。

つまりは、「状況に応じたSystem1とSystem2」がまだできないのだ。これを可能とするには、道具としてのChatGPTに「自律性」を組み込む必要がある。環境からの情報を入力したり、それ以前に、適応的な思考をしたりできるということは、そのシステムには自律性があることが前提となるからである。

とはいえ、AI技術は加速的に進化している真っ最中であり、多少の時間はかかるかもしれないが高い自律性を獲得することが間違いないことは前述した通りである。今後のAIの進展においては、速い思考や遅い思考という対比ではなく、適応的な思考ができるかどうかや、創意工夫を行う知能をどのように実現するかが焦点になっていくことになろう。

他者理解も課題の一つだ。人は相手の気持ちを推し量ることができる。相手がどのようなことを考えているかをシミュレーションできる能力である。人がすごいのは、他者理解において、相手の思考をシミュレーションし、そのとき相手が自分をどう見ているかすらシミュレーションできることである。ChatGPTは人同士のやりとりと同じレベルの流暢なやりとりができるので、つい人のような思考ができると勘違いしてしまうが、すごい進歩であることは間違いないものの、まだまだ限定された能力が実現されたに過ぎないのである。

また、ChatGPTは構築するにも運用するにも、多くのコンピュータを動かす必要があり、そのためにとんでもなく多くの電力が必要であることも課題の一つとなる。ChatGPTはDeep Learningを土台とする一つのアプリケーションであり、Deep Learningは人の脳を真似た方法であった。しかし、我々生物は極めて省エネなシステムなのである。人の消費電力は60ワット、脳はたかだか20ワットである。進化においてはより省エネであるほうが生き残れたからである。一方、基本原理こそ人を真似たとはいえ、現在のＡＩは大量のデータと大量のコンピュータを駆使するパワー勝負の様相を呈する状況となってしまっている。

そもそも、我々はChatGPTほどの大量の文字データを学習せずとも流暢に話すことはできるし、高い汎用性も発揮できる。それは、我々が言語的なコミュニケーションだけでなく、五感や表情といった言語以外のノンバーバルなコミュニケーションも活用できるからである。その意味でも、今後のＡＩの進展において、ノンバーバルなコミュニケーション能力を活用できるようになることで、ChatGPTのような言語を利用するＡＩのダウンサイジングも可能になると思われる。

そもそも、我々の脳も一つの塊ではなく、大脳や小脳、海馬や扁桃体《へんとうたい》などそれぞれ役割の異なる特徴を持つ複数のパーツの集合体である。それぞれが連携することで多様性を発揮できている。つまり今後は言語を処理するAI以外の、ノンバーバルな情報を処理するAIや、適応的な対応に特化したAIなど、複数のAIの集合体をつくることで、より完成されたAIが実現される可能性が高い。現在のAIが持つ課題をクリアしていくためにも、まだまだ新たなAI技術が必要なのである。

第3章　ＡＩは経済の浮揚に寄与するのか

圧倒的な効率化への寄与

ChatGPTを代表とする生成AIは経済、特に日本の経済の浮揚に寄与するのだろうか？　と問われれば、声を大にしてYESと答える。どの有識者も同様の回答をするのだと思うが、大きく二つの面で生成AIを積極的に導入すべきである。その二つとは、「圧倒的な効率化」と「創造的作業」においてである。ただし、単に生成AIを導入すれば良いという簡単な話ではない。

まず、生成AI活用による効率化で経済浮揚がもたらされることは間違いないが、それは、行政や民間でのビジネスなどに生成AIの活用が広範かつ着実に根付くことが条件となる。しかし、これがなかなかに難しいのが現状であり、DXが日本において思うように進んでいないことも同じ理由によるものであろう。

日本では海外に比べると最先端IT技術の社会浸透度が低い。IT後進国になったとも揶揄《やゆ》されるが、実際、統計的に見ても明らかにその傾向が年々強くなっている。今や海外に行くとほとんど現金を使うことはなく、クレジットカードや電子マネーで簡単にモノを買ったり交通機関を利用したりすることができるが、日本ではまだまだ支払いの選択肢が「現金のみ」の状況に遭遇することがある。

ただ、だからといって、日本人がダメなのかといえば、一概にそう言えるわけではない。逆の見方をすれば、日本ではＤＸなどせずともしっかりした情報処理ができるし、現金を安心して使えるモラルのある国なのだともいえる。わざわざＤＸ化などする必要性が低く、電子マネーを導入しなければならない積極的な理由がないからこそ、現在の状況となっていると考えるほうが妥当であろう。そのような日本人の勤勉さやモラル感が、現在において足かせになってしまっているのは皮肉な結果である。

やはりＤＸ化したほうが、そして電子マネーを利用するほうが、使ってみれば一目瞭《りょう》然《ぜん》で利便性は高いのだが、これまでそこそこうまくやってこれてしまった我々にとって、そちらに舵《かじ》を切るのはなかなかにハードルが高く感じられるということだろう。

よって、まずは動ける人々だけで構わないので、積極的なＡＩ導入をすることで、圧倒的な利便性、これまでとは誰が見ても明らかに異なるレベルアップを見せつけることが肝要である。水を張った鍋にカエルを入れてゆっくり温めていると変化に気づかないままゆだってしまうが、一気に熱くすればカエルも気がつく。そのようにして、別次元の違いがあることをまずは皆に気づいてもらう必要がある。

ChatGPTを例にとれば、圧倒的な量の文書を読み込んでの要約や、異なる文書を読み込んでの内容の比較も一瞬でできる。また、表にする作業、電子メールや報告書といった定型的な文章作成、言いたいことを箇条書きしてからのフォーマルな文書化など……。日常において我々はこれらの作業にどれほどの時間を割いていることか。報告書の内容を理解し整理する作業において、最も時間がかかるのは、報告書を読み込む部分である。目で文章を読む速度はコンピュータが文書を読み込む速度に比べると圧倒的に遅い。

ChatGPTが大量の文書を一瞬で取り込み、さらに数分で的確に要約や整理をしてくれれば、人はそれを理解し何らかの判断に活用する意思決定の部分にのみ集中することができる。この時短効果は絶大であろう。

日々様々な活用法や生成AIを土台とするサービスが発表されているが、AIへの問いかけにおいても、文章以外に図表やイラスト、写真、音声など、様々なデータを利用することが可能になってきた。文書データやイラスト、表データなど異なる種類の複数のデータをAIに入力して「○○について整理して」と依頼すると、AIが異なる種類のデータからそれぞれ内容を抽出し、場合によってはAIが自らデータを整理するためのプログラムを自分で生成して実行し、整理した結果を回答するといったことまで可能だ。

今までであれば、いろいろなデータを収集して分析する作業において、データを集めたことや、それらを横断的に分析した努力も評価の対象であったかもしれないが、本来評価されるべきはそれら複数データから導出された分析結果と、分析結果に対する考察であろう。何をしたいのか、それをＡＩに伝えれば、そのための面倒な作業をほぼほぼやってくれる。人はその結果を評価し判断に利用する部分に脳を使えばよい。

やはり「人が苦手な部分」をＡＩがやるということであり、かつて製品組み立てをする役割がロボットに置き換わったのと同じ現象が起きるだけのことである。人が苦手とする部分のＡＩへの置き換えであり、人の知能のすべての置き換えということにはならない。むしろ人においては、何をしたいのか、何を分析するのか、そしてＡＩからの結果をどのように理解、評価し、判断に活用するのかを考える能力が、これまで以上に重視されることになる。与えられたタスクをなあなあでこなせばよい、という歯車的な認識のままだと、それこそＡＩに仕事を奪われることになる。

行政やビジネスの現場に生成ＡＩを根付かせるために超えるべき、厄介な問題がもう一つある。ChatGPT を活用することでかなりの効率化が達成できることは間違いないものの、それは日常におけるメールのやりとりや報告書や議事録の作成、そしてデータ処理といった、仕事の全般における「ところどころでの効率化」である。つまり、ChatGPT による効率化の効果は、皆がこれを活用した広範な業務の効率化の総体として表面化することから、AIを導入したことと利益の向上との関係が見えにくい一面があるということだ。

これは経営層にとっては悩ましい問題である。もちろん生成AIを商品開発や新サービスの立ち上げといったイノベーティブな部局で活用した場合は直接的な効果が明確になるが、会社においては全部局がイノベーションに直接的に関係しているわけでもない。むしろそうではなく、会社全体で広範に生成AIを活用することで、まわりまわって利益に繋《つな》がる、といった形になるケースのほうが多いのだ。つまりは、生成AI導入のためにそれなりの投資を行っても、効果が出るまでに時間がかかることを理解した上での導入が必要になるということである。これは、えてして直近の効果に注視しがちな現在の日本社会においては、生成AIを積極的に導入する企業とそうでない企業の2極化を加速させることにも繋がりそうだ。

生成ＡＩ界隈《かいわい》は大いに盛り上がっているし、勢いも感じるものの、ＤＸ化やＡＩ導入の状況を見てみると、日本においては「盛り上がっている」と言うことはできない。生成ＡＩの活用についても、例えばChatGPTを使ったことがある人の割合を見ると、他の先進国に比べて日本は低いほうである。総務省の『令和6年版情報通信白書』によると、生成ＡＩ（人工知能）を利用している個人が9・1％に留《とど》まるとのことである。比較対象とした中国（56・3％）、米国（46・3％）、英国（39・8％）、ドイツ（34・6％）とは大きな開きがある。生成ＡＩに対するネガティブなイメージが先行してしまった結果だろうか。汎《はん》用《よう》ＡＩは汎用であるからこそ用途限定型ＡＩに比べて使いにくく、用途ごとのプロンプトの書き方といったノウハウを身につけないと効果的な利用が難しいことは先に述べたが、あるいはこれも要因なのかもしれない。学生を見るとほとんどは積極的に使っているようだが、活用している層とそうでない層の2極化がやはり進んでいる。

そもそも利用している割合が9・1％ということは、生成ＡＩの活用は間違いなく日本の経済浮揚にとって必要であるものの、現状のままでは「2極化しつつの経済浮揚」に繋がるということになろう。

なぜ「2極化しつつ」なのかといえば、生成ＡＩ、つまりは学習するタイプのＡＩが、それ以外のＡＩ技術を含むテクノロジーと根本的に違うからである。これが生成ＡＩの活用において、高い期待と同時にこれまでにない難しさを露呈させることになっているのだ。

車にせよ電子レンジにせよ、人が設計した製品は、その製品自体を我々は使用する。しかし学習するタイプのＡＩは、そのＡＩ自体を我々は使用していないのだ。日本酒やワインを例にとるとわかりやすい。日本酒を造るには醸造システムが必要であり、原料は米である。米が醸造されることで酒となり、我々は酒を堪能する。醸造システム自体を我々が使うことはない。おわかりであろう、学習するタイプのＡＩにおけるＡＩシステムは、データを原料として、それを我々が利用する大規模言語モデルに変換する醸造システムに相当するのである。つまり、生成ＡＩにおいて我々が使っているのは、生成ＡＩシステムというより、膨大な人々の会話や書かれた文書、ＳＮＳの書き込みといったデータを原料として構築された大規模言語モデルなのである。よって、ChatGPT からの回答は、たしかに ChatGPT というシステムが生成したものではあるが、人によるデータから作られた大規模言語モデルからの出力であり、一人、もしくは何億人もの圧倒的多数の人々からの意見をうまくとりまとめた回答なのだ。

そうすると、生成ＡＩからの回答は、膨大な人々のデータを背景として生成されることから、ほとんどの場合自身の考えよりも多様性があり、説得力のあるものが返ってくることになる。そうなれば、自身にしっかりしたインセンティブがあり、AIからの回答でさらに自身の考えを深化させようという強い意思がないと、AIからの回答を鵜呑《うの》みにするようになってしまう。その意味で、生成AIは、無機質なシステムというより、とんでもなく多くの人々と容易にやりとりするような生きたシステムだと見るべきなのである。油断するとすぐにAIからの出力を鵜呑みにしようというダークサイドに落ちてしまうことになる。

創造的作業への寄与

これまでのIT技術、そしてAIにおいても、その主たる用途は「効率化」である。しかし、効率化自体は何かを生み出して先に進むためのプロセスではない。限界まで効率化し尽くされれば、その時点で終わりである。

本来あるべきAIの用途、それは先に進むための創造的作業での活用であり、イノベーションに寄与する活用である。生成AIはこれまでのAI以上に人の創造的作業をサポートするための道具としても大きく寄与することが期待され、これこそが経済浮揚の原動力になるはずだ。

生成ＡＩの登場によってよく耳にするようになったのが、「ＡＩも人のようにゼロからの創造ができるのか？」という疑問である。まず、データを学習するタイプの現在のＡＩでは、その学習したデータが大量であっても、やはりゼロからの創造は無理である。

ChatGPTに何かを問い合わせれば自分では思いつかない回答をどんどんしてくれる。いかにも創造性豊かであるという感覚を持ってしまうが、学習の際に獲得した膨大な知識からもっともな出力をしているだけである。こちらが思いつかない回答がどんどん瞬時に生成されるので創造性を感じてしまうのは致し方ないところではある。しかし、生成ＡＩから、学習された範囲外のものが出てくるわけがないのだ。

ただ、これは我々人においても同様だろう。人も、生まれたときから五感を通して入力される情報で学習したこと以外のものを、ゼロから創造することはできない。となると、これまでの人類の「ゼロからの創造」や「発見による進歩」が説明つかないということになるが、それは意図しない「偶発的なイベント」がこれを可能とするのである。

ノーベル賞クラスの発明において、その発明に至るきっかけについてのインタビューでよく聞かれるのが「失敗からの偶然の発見」である。偶発的に起こる失敗は、失敗などではなく、ゼロからの創造や発見を生み出す重要な出来事というわけだ。また、「どうなるかわからないけどやってみる」というときにも、その結果が想定外なものである場合に、ゼロからの発見を伴うこともある。

「『どうなるかわからないけどやってみる』という行動の仕方が重要なのだ」ということ自体が学習によって獲得された知識だとすれば、学習を通してのゼロからの創造は可能である、ということにはなるのだが、現在のＡＩにはそのような自律性はないため、創造性を発揮することはやはりできない。創造することにおいて、自律性は本質的に必要な能力なのである。

とはいえ、ゼロからの創造はそう頻繁に起こることでもない。では日常で起こるイノベーションとはいったい何なのか？

ブレインストーミング（ブレスト）によって新たなイノベーションが生まれるとはよく聞く話ではあるが、これは自分では思いつかないイノベーションが、ブレスト相手からのヒントと結びついて生まれたということだ。つまり、ノーベル賞級の発見が、偶発性によるヒントによってイノベーションの種自体が生まれることだとすると、ブレストでのイノベーション創出は、自分が持つイノベーションの種と相手からのヒントという種を結びつけたことで生まれた新たな種ということになる。繋ぐことで新たな価値を生み出すイノベーションこそが日常におけるイノベーションであると見立てるとわかりやすい。

そのような種を生むには、まずは「なぜだろう？」という好奇心を持つことである。好奇心は、自ら種を繋ごうとする意欲とも言い換えられる。好奇心があるということは、それだけ内から湧き出る自発的な動機があることの証拠でもあろう。

自分が持つ種と、他者からもたらされる種を繋ぎ、イノベーションに結びつけるのだが、ここで個人差が出る。それは、種と種とを繋げることができる「距離」である。筆者の経験した興味深いケースを紹介しよう。

クリエイターがＡＩを活用して新しいマンガを制作するＴＥＺＵＫＡ２０２０プロジェクトを２０２０年に実行し、『ぱいどん』という新作を制作したときのことである。当時はまだ生成ＡＩが登場する以前であり、我々が開発したＡＩによって、複数のプロット（あらすじ）とキャラクターの顔の画像を事前に生成し、その中からクリエイターが使えそうなものを選択し、作品を作り上げるための素案として活用するというやり方をした。

ChatGPTを使って生成するような、読み物としても成立するレベルのストーリーが生成できるわけではなかったものの、クリエイターの発想のためのたたき台となる素案を生成することはできた。

プロジェクトにおいてはまず、素案を大量に生成し、制作会議に持ち込むこととなった。素案の中には我々（研究者）から見てもストーリー展開に一貫性があり、面白いと思えるものから、話の流れに一貫性がなく使い物にならないレベルのものまで様々であった。ここで驚かされたのがクリエイターの反応であった。我々が面白いと思った素案や、一貫性があると思った素案は落選となってしまったのだ。理由は「面白くない」、あるいは「この程度なら誰でも思いつける」ということだった。一方でクリエイターは、我々がデタラメだと思った素案に対して「これは面白い」と高く評価した。作品『ぱいどん』として完成したマンガの素案となったストーリーは、我々としては低く評価したものだったのである。

ここで気づかされたことは、クリエイターは種と種の距離が離れていても、それを繋ぐことで、一般の素人にはできない新たな発想ができるということである。我々には離れすぎて繋ぐことができず、その場合はデタラメな素案としか思えないものでも、クリエイターは繋ぐことができる。しかも、より離れている種同士を繋げたときにこそ、奇抜さや新鮮さを生み出すことができたということだ。

イノベーションが、そのための種と種を関連付ける過程で起こるのだとすると、では、そのような「繋ぐ能力」を育《はぐく》むにはどうすればよいのか？　もちろん、大人になってからでも繋ぐ能力を高めることはできるのであろうが、やはり初等教育の時期に繋ぐ能力を身につけることが大切であろう。YouTubeで多様なコンテンツを見たところで視覚・聴覚情報のみである。これに対して、友達と公園で遊ぶとか、砂場で遊ぶといった場合は、視覚・聴覚・触覚・嗅覚《きゅうかく》・味覚のフル稼働である。これが脳内における思考のためのネットワークを成長させることになる。本を読み、長文を理解したり、行間や文脈を理解したりすることも、繋ぐ能力を強化するであろう。そしてそのような能力があってこそ、自分の考えを論理的に主張することもできるようになる。

「答え」より「答えを導出するプロセス」が大事であると聞いたことがあると思うが、これも繋ぐ能力を育むことになる。問題を解決する方法は一つではなく、複数あると考え、柔軟に発想できること、物事を俯瞰《ふかん》的に見る能力も重要である。そしてこれらの能力は、基本的に身体動作を伴う作業や人とのコミュニケーションなど、社会の一員として成長することで獲得される。逆にいえば、初等教育においての過度な情報教育は、繋ぐ能力の成長にとってはマイナスの効果が大きいかもしれない。

豊かな人間関係を育む幼少期において、外遊びをしたくても公園や放課後の校庭は閉鎖され自由に友達と遊ぶことができない社会、どうしても画一的で詰め込み型になってしまう教育現場、本を読まず、人の話をじっくり聞く機会も減っている状況など、すべてが繋ぐ能力の形成にとってマイナスである。

我々人間は社会性生物であり、お互いに協調するために言葉を生み出し、表情や仕草といったノンバーバルなコミュニケーション方法も発達させてきた。人にとって人間ネットワークは生きる上での根源である。自分だけが持つアイデアの種からのイノベーションには限界があるし、偶発性に頼るのも効率が悪いのだ。

新しいストーリーとキャラクターを生み出す

今のところ、繋ぐことで新たな価値を生み出す能力は生成ＡＩにはない。しかし、膨大な数の種が詰め込まれていることから、人間のブレスト相手をはるかに凌《しの》ぐ量のアイデアの種をどんどん人に提供してくれる。これは人の創造力を引き出すツールとしては大いに魅力がある。以下、2020年からの5年間において筆者を中心とするメンバーにより実施された、NEDO（国立研究開発法人 新エネルギー・産業技術総合開発機構）の「人と共に進化する次世代人工知能に関する技術開発事業」における「インタラクティブなストーリー型コンテンツ創作支援基盤の開発」というプロジェクトについて紹介しよう。ドラマや小説、マンガの制作や、企業でのプロモーション活動の企画における、「ストーリー性のあるコンテンツの制作」を題材として、人の創造的作業に対するAIサポートの可能性を追求する研究プロジェクトである。

これは、先に紹介したTEZUKA2020において人の創造力に対するAIのサポートの可能性を強く実感したことから、新たな取り組みとして実施したものである。今や米国資本の巨大メディアが豊富な資金でドラマや映画、アニメを大量に制作し、それを我々も楽しむことが日常化しているが、一方で日本のコンテンツ産業にとっては厳しい状況となっている。日本のクリエイターが自身のクオリティを維持しつつ作品を量産できるようにしなければ、押しつぶされてしまう。それを防ぐためにもこのプロジェクトは、どのようにAIを活用すれば、人の創造的作業のサポート役としてクリエイターに認めてもらえるのかを検証し、人をサポートするAIを実現することを目的としている。

開発したＡＩの効果を評価するための実証実験においては、『ぱいどん』に続き今回もマンガの制作を具体的なテーマとした。我々の開発するＡＩが、トップレベルのクリエイターによる新作の制作にどれくらい寄与するのかを確かめる「ＴＥＺＵＫＡ２０２３」を２０２３年６月に開始し、11月に新作を完成させている。制作したマンガやその作業の詳細は各種メディアにおいても広く取り上げられているのでそちらを参照していただきたいが、以下、どのようなＡＩを開発したのかについて概説する。

今回のテーマも新作マンガの制作であることから、新たなストーリーと新たな登場人物のデザインが必要となる。ただし前回と異なり、今回のストーリーの生成には GPT-4 を、キャラクター画像の生成には Stable Diffusion に追加学習を施したものを利用した。双方ともやっていることはプロンプトエンジニアリングそのものである。

小説など書いたこともない素人でも、簡単なプロンプトによってそれなりの小説を生成できるといったことでも注目される生成ＡＩではあるが、だからといって、プロの脚本家が感嘆するレベルのストーリーを生成するとなると、やはり容易なことではない。緻密《ちみつ》で重厚なプロンプトが要求されることになる。ＡＩの民主化を実現したとも評される

ChatGPTであっても、その高い性能を引き出すのが実は難しいことは先に述べた通りだ。

今回AIを開発する過程でわかったことは、プロの脚本家が唸《うな》るようなレベルのシナリオを生成させようとすると、場合によっては数千字にもなるプロンプトが必要となるということだ。そのようなプロンプトを、AIの専門家でもなくプロンプトエンジニアでもないクリエイターにいちいち整形させるのは無理であろう。

また、本プロジェクトでは無謀にも故手塚治虫の代表的作品である『ブラックジャック』の新作を手がけることとしたため、ブラックジャック的なストーリー展開であったり、キャラクター画像を生成させる必要がある。単に手塚治虫的キャラクター画像を生成させるだけであればStable Diffusionへの追加学習で対応できるものの、新たに制作するストーリーに出てくる新しい登場人物のイメージに合う顔画像を生み出すとなると話は簡単ではなくなってくる。

ここで我々が考えた方法は奇抜なものではなく、生成AIと、クリエイター（ユーザー）との間の仲介を行う「御用聞きAI」を用意することであった。わかりやすいUI（ユーザーインターフェース）も実装した。そして、御用聞きAIが、ストーリーを生成するための様々な要望やアイデアについてのやりとりをクリエイターと繰り返すことで、緻密なプロンプトを作り上げていく。御用聞きＡＩを、クリエイターと生成ＡＩの仲介役として用意することで、クリエイターのＡＩリテラシーの度合いに依存せず安定した品質のプロンプトが整形できるようになるわけだ。また、今回であれば手塚治虫的なストーリー展開や登場人物の特徴を御用聞きＡＩに予《あらかじ》め入れ込んでおくことで、目的とする作家（今回の場合は手塚治虫）らしいストーリーやキャラクターの生成も可能となった。

そして、以下も重要な観点なのであるが、生成ＡＩのモラルに反した利用の可能性に対しても、御用聞きＡＩを用意することに意義がある。御用聞きＡＩがどのようにプロンプトを整形していくのか、そして、整形したプロンプト自体は外部に公開しないようにすることで、プロンプトの模倣やモラルに反する利用をある程度防止するメリットもあるのだ。

このプロジェクトの実際の作業において、クリエイターは御用聞きＡＩとのやりとりを何度も繰り返し行い、満足のいくストーリーを完成させるに至った。そして、クリエイターからは、御用聞きＡＩとのやりとりを通した人の創造性を引き出す能力について、「大いに期待する」という回答を得ることができた。加えて印象的だったのが、ＡＩをアシスタントとしてだけでなく、友人のように感じたという意見があったことである。アシスタントは自分の言う通りに作業する役割であるが、友人は自分と同等の立場でやりとりする立ち位置である。AIを友人のようだと感じたことは、今後の「人とAIとのあるべき関係」を考え、構築する上での重要な指摘であった。

繋ぐ能力を高めるには？

種と種を繋ぐことで新たなイノベーションの種を生み出す際、種同士が近すぎると、繋ぐことが簡単にできてしまうので、誰もすぐには思いつかないようなレベルの斬新《ざんしん》なイノベーションは期待できない。これはTEZUKA2020においても経験したことであるが、個人差はあれど、どれだけ遠くの種と種を繋ぐことができるかがイノベーションの斬新さを決めることになるのは間違いなさそうである。

トップクラスのイノベーターやクリエイターは、それまでの活動を通して頭の中に多種多様な種が詰め込まれているからこそ、種同士を繋ぐことでの新たなイノベーションが次々に生まれる。そのような彼らに対して、自分にはない種が外から提供されれば、より斬新なイノベーションを起こすことができる。それは、彼らに比べれば頭の中の種の数が少ないであろう一般の人々においても同様である。では、外からの種をどのように入手すればよいのかといえば、他人とのブレストやＡＩとの壁打ちである。こうなると、多くの種が詰め込まれたＡＩとの壁打ちのほうが人とのブレストよりも効果があるということになる。

なぜなら通常のブレストはお互いが意図的に集まって行うことから、そもそもその相手を選んだという時点で多様性が高いとは言えなくなるからである。その意味では、打算のない多様な人的ネットワークを日常において形成しておき、ゲリラ的にブレストするほうが効果的なのだ。何気ないやりとりや雑談・会話から、イノベーションに役立つかわからないものの可能性のある種を収集することができるからである。

しかし、そのような人的ネットワークの形成は簡単ではない。その点、ChatGPT のようなＡＩはイノベーションを起こすための種を簡単に提供してくれる極めて有用なツールである。詰め込まれている知識の量は圧倒的である。ＴＥＺＵＫＡ２０２３において我々が開発した御用聞きＡＩにおいても、クリエイターが御用聞きＡＩを壁打ち相手のように繰り返し利用する「インタラクティブ性」を重視して開発した。

また、ＴＥＺＵＫＡ２０２３では繋ぐ能力を高めるためのヒントを得ることもできた。繋ぐためには、繋ごうとする双方の種や、種を中心とするシナリオの展開などに意識を集中させる必要がある。しかし、人の集中力は長くは続かないので、そのときはしっかり意識していても、時間が経過するとだんだん薄れてしまうものだ。クリエイターがあるシナリオの草案を書き、その内容の確認や助言を制作チームのメンバーに依頼したとしても、依頼された側で原稿を読み込み、助言すべき箇所を探す作業には数日かかる。その間にクリエイターは別の仕事をするだろうし、草案を書いたときの意識や記憶は薄れてしまう。ようやく数日後に助言が戻ってきたところで、クリエイターは数日前のことを思い出してからの作業となる。これがもしも瞬時に助言がもらえたとしたら、別の面白い展開を思い付いていたかもしれない。

一方、御用聞きAIの場合はものの3分でプロンプトに対する出力が戻ってくる。クリエイターの頭に鮮明にイメージされているシナリオが色褪《いろあ》せることのないまま、そのシナリオを修正したり、新たな展開を入れ込むことが可能となる。クリエイターによると、「思考の仕方が変わるという感覚」があるとのことだ。より種と種を繋ぎやすくすることで、人のイノベーティブな能力を引き出す上でも生成AIには高い可能性があるといえる。

種と種を繋ぎやすくすることは、種と種を結びつけるネットワークが存在することを意味する。そのネットワークがイノベーションを起こす土台となるわけであるが、では、イノベーションを起こすのに有利なネットワークとはどのようなもので、それはどのように構築すればよいのか？　恐らく、イノベーターと呼ばれる人々は意識してか、それとも無意識にかそのようなネットワークを構築する能力があるということになる。

ここで、ずいぶん昔に行われた有名な「手紙の実験」を紹介しよう。これは１９６７年に社会心理学者のスタンレー・ミルグラムが行ったもので、「スモールワールド実験」などとも呼ばれている。実際は米国で実施された実験だが、イメージしやすいように日本に置き替えて以下説明する。

まず、九州在住の複数人を電話帳などからランダムに選び出す。九州の住民は１０００万人を超えるので、選ばれた人同士がお互いに知り合いである可能性は極めて低いであろう。そして、次に北海道から同じように一人（例えば「有井さん」）を選出する。九州と北海道では物理的な距離がかなりあるので、九州で選出された人々と北海道から選出された一人がお互いに知り合いである可能性はほぼゼロであろう。

選び出した九州在住の人々全員に対して、ある封書を北海道から選出した一人にそれぞれ送り届ける指令を与える。そして、封筒には送付先の具体的な住所は書かれておらず、

「北海道で貿易商を営んでいる有井さん」としか書かれていない。もちろん、直接知り合いであるわけはなく、届けろと言われても困惑するだけなので、「封書を届ける相手と知り合いでない場合、相手を知っているかもしれないと思う、あなたと親しい友人には封書を渡してもよい」（同様にその友人も自分の友人にのみ封書を送ることが許される）というルールがある。そうしてバケツリレーをする要領で、有井さん目指して封書を送り届けようというのである。

さて、封書はきちんと有井さんのもとに届くであろうか？　結果を知っている人も多いかもしれないが、直感的には、まず届くわけがないと思うのが普通だろう。仮に一人につき100人の友人がいるとして、それを一つのグループとしたときに、全部で1万人の場合はおよそ100個のグループがあることになる。二つのグループに属する人もいるであろうから、そのような人を介してグループ間を情報が伝達できるとすると、1万人いれば、お互いが知り合いでない二人が連絡し合うには、ざっと100人のバケツリレーが必要ということになる。実際には二つより多くのグループに属する人もいれば、100人より多くの友人を持つ人もいるだろうから、100人を経由するよりも少人数のバケツリレーで済むケースもあるかもしれない。しかしそれも母数が1万人の場合だ。この手紙の実験は

1億人以上という日本の総人口が母数となるため、相当数のバケツリレーが必要になると思われる。最低でも数千人を経由することになるだろうか？

実験の結果はとても興味深いものとなった。九州の十数人に封書を渡して実験を開始したところ、数人からの封書が最終的に有井さんに届いたのである。また、封筒のデザインや封書の郵送の仕方を改良した結果、驚くべきことに最終的には9割以上の封書が届くようになったのである。さらに驚くべきは仲介した人数だ。たかだか6人だったのである。

これは何を意味するのかというと、日常生活ですれ違っている人同士は知り合いではなかったとしても、たかだか6人の友人を経由すれば繋がる、ということだ。お互い見ず知らずの他人のはずのAさんとBさんであっても、Aさんの友人の友人の友人の友人の友人の友人がBさんという意味である。1億人もいる中から無作為に選んだ二人であるにもかかわらずである。以上は日本を例に説明したが、ミルグラムが実際に米国で行った実験は当時の米国の人口2億人においての結果である。

ネットワークの形

このような、一見局所的な繋がりしかないと思えるネットワークが、実は全体とも繋がりがあるような構造をスモールワールドネットワークと呼ぶ。[9] このスモールワールド性を発揮させる上で重要な繋がり方は「ショートカット」とか「弱い紐帯《ちゅうたい》」などと呼ばれるもので、簡単に言えば近道である。

ここで、ネットワーク全体を、友人関係のような局所的なサブネットワーク（小さなコミュニティもしくは塊）の集合体として考えてみよう。お互いのサブネットワーク同士を接続する繋がりはない。もちろん、これでは全体的な繋がりはなく、個々の局所的なネットワークの集まりに過ぎない。しかし、ここで全体のほんの数％というごく少数の繋がりを各局所ネットワーク間に張ってみる（少なくとも孤立するサブネットワークが存在しない程度の繋がりは必要）。すると、少数であるにもかかわらず、それらをショートカットとして利用することで、ネットワーク全体を容易に移動できるようになる。このとき、ショートカットとして敷設した繋がりは少ないことから、個々のサブネットワークの局所性はそれなりに維持されたままだ。これが、「局所的なネットワークの集合体であるにもかかわらず、全体としての繋がりもある」ネットワーク構造の正体なのである。

言われてみれば当たり前と思えるカラクリかもしれないが、このネットワーク的特性が詳細に分析され始めたのは１９９０年代と、比較的最近のことなのだ。

就職活動や転職のシーンを想像してみる。会社Aに勤める川野さんが、会社Bに転職を考えたとする。しかし、川野さんは会社Bに直接の知り合いはおらず、ただし、会社Bに知り合いのいる須賀さんという友人がいた。しかも須賀さんは会社Bに対して大きな影響力を持つ人物であった。そこで川野さんは須賀さんに仲介を依頼して、会社Bの知り合いを紹介してもらい、転職ができたとする。このときの須賀さんは仲介者であり、一般的には「コネ」とも呼ばれる立場だ。

別のシーンとして、次のような展開も想像することができるだろう。川野さんには会社Bの関係者や知人が一人もいなかった。そして、川野さんは優秀なエンジニアであり、自分の知り合いに会社Bに転職を考えていることをそれとなく話していた。すると、あるとき、いきなり会社Bの人事担当から川野さんに連絡があり、そのまま転職できてしまった。後にその人事担当と話をする機会があり、「なぜ自分に声をかけるに至ったのか？」と聞いたところ、それは次のような流れであった。ある社内会議の議題がたまたま会社Aとの連携プロジェクトで、その際、会議に出席していた会社Bの高屋さんというエンジニアが会社Aにも知り合いが多く、そのような話をしている中で、知り合いの一人である会社A

の加藤さんから「友人である川野さんが会社Bに転職を希望している」という情報があったこと、そして、その川野さんが優秀であり、ちょうど高屋さんの部署で採用したい人材のスキル条件に合致していることがわかった——ということであった。後の展開は推察できよう。

このときの加藤さんと高屋さんこそ、会社Aと会社Bを繋ぐ「ショートカット」の役割を演じたということになる。スタンレー・ミルグラムと同じく米国の社会学者あるマーク・グラノヴェッターは、ショートカットのことを「弱い紐帯」と呼んだ。グラノヴェッターによると、前述の転職の事例において、仲介者を経て転職に成功した前者の例と、弱い紐帯を経て転職した後者の例で比較すると、総じて後者のほうが成功する確率が高いのだという（もちろん、一般的には前者による転職数のほうが圧倒的に多いのであろうが）。

まさに後者はイノベーションにおける「ゼロからの発見」に近いことが起きていることになる。川野さんにとっては想定外の話であり、それは川野さんに実力があったからこそでもあるが、打算のない純粋な意味での適材適所が後者のタイプの転職において成立するからであろう。

ここから見えてくるのは、打算での人的ネットワークよりも、打算なくいろいろな人的ネットワークを構築しておいたほうが、そのネットワーク自体に高い価値を生み出す潜在的な能力があるということである。もちろんそのような人的ネットワークを構築するには、自分自身にそれだけの価値がなければダメだろうし、つまりは高い人間力が求められるというわけだ。

病気の感染拡散とスモールワールドネットワーク

仮に筆者が風邪を引いたとしよう。まずは地元にある掛かり付けの病院に行くわけだが、悪いことに、同じく病院に来ていた何人かに風邪をうつしてしまったとする。この場合、訪れたのは地元の病院であるから、うつしてしまった人々も地元に住んでいる可能性が高い。結果的に地元に風邪が蔓延《まんえん》してしまうことになる。冬のインフルエンザの流行で学級閉鎖や学校閉鎖が起こる展開と同じである。しかし、学級にせよ学校にせよ、感染が蔓延するエリアを封鎖することで、感染の拡散を抑え込むことができる。これが、2020年からの3年間のコロナ禍において、中国が大都市レベルでのロックダウン（封鎖）をやってのけた理由でもある。

これに対して、例えば筆者が海外出張のために国際空港におり、そこで急に体調を崩し空港内の病院に入院することになってしまったとしよう。そして、そこでも悪いことに周りの何人かに風邪をうつしてしまったとする。地元の病院と異なり、ここは国際空港内の病院である。うつした相手は、カナダの人かもしれないし、オーストラリアの人かもしれない。しかし風邪はうつされたからといってすぐに体調を崩すことはないので、彼らは発症しないうちに帰国する。今や空路であれば、乗り継ぎをしたとしても24時間もあれば世界中のどこにでも行ける。すなわち、帰国して帰宅してから体調を崩すこととなる。そして、カナダとオーストラリアの彼らの居住エリアで感染の蔓延が始まる。この後の展開は推測できると思うが、これが感染がネズミ算的に広域に拡散する仕組みである。ここでは、カナダとオーストラリアに風邪を持ち込んでしまった人こそ、感染拡散におけるショートカット役ということになる。もちろん感染がどのように拡散するかと同時に、感染してしまった人の感染力（さらに別の人に病原体をうつす力）の強さも感染拡散における重要な要因ではある。

ここで思い出されるのが、2020年からの主に3年間のコロナ禍において、日本が米国や欧州と比べて、総じて低い感染者数、低い死亡者数となったことである。この背景には、感染の拡散の仕方における質的な違い、つまりは海外のほうが感染の拡散が大きかったことが推察される。これはどう説明できるだろうか？　人間社会は、家庭や学校や職場、人が集まる駅やレストランなどといったサブネットワーク、つまり「人が集まる塊」が、バスや鉄道や飛行機といった交通機関でお互いに接続されたスモールワールドネットワークとして見ることができる。すると、あるサブネットワークにおいて感染が拡散してしまったとしても、そのサブネットワークと他のサブネットワークを繋ぐショートカットである鉄道路線や航空路線を感染した人が移動しなければ、感染が他のサブネットワークに広がることはない。

日本においてはマスクをするなど、その真の効果はおくとしても、人に感染させないようにしようという意識は間違いなく総じて高かったといえる。感染した人は自宅待機をし、移動を自粛したことが、結果的にサブネットワークをまたぐ感染拡散を抑えることになったという解釈ができるのだ。これに対し、欧州ではマスクをせずに、ハグをしたり、大声で話すことを避けない傾向もあり、日本と比較しても感染させやすい状況があった。その上、感染した人々がそのまま交通機関で移動していたのであるから、大きな感染爆発が起こって当然だったのだ。スモールワールドネットワークには、感染拡散を抑える効果と、逆に感染を急速に拡大させる効果の２面性があるのである。

つまり、イノベーションを起こす人的ネットワークとは、ショートカット役の友人を介して、「直接の知り合いではないものの自分にない有用なアイデアの種を持つ人」と想定外の縁で繋がる機会が多く生まれやすいネットワークということになる。このような人的ネットワークを意図的に構築することは難しいと思われるかもしれないが、決してそうではない。いろいろなことに興味を持ち、多様な多くの人々との自然な人的ネットワークを継続的に構築することが、多産なネットワークの構築に繋がるのである。

ChatGPTとの壁打ちが発想支援に大いに役立つと言えるのもそのためだ。圧倒的な知識が詰め込まれているということは、ショートカットを介して繋がるであろう人が持つアイデアの種だって、ほぼほぼ含まれているわけである。問題はどのようなプロンプトを入力するかである。自分が期待する答えのみが返ってくるようなプロンプトではダメだろう。敢《あ》えて適当に答えさせたり、自分の意見と反対の意見を答えさせたりするなど、ショートカットを介した想定外の回答を引き出すためには、それなりにプロンプトを工夫する必要がある。人の創造力を引き出す潜在的な能力がChatGPTにあることは間違いないが、やはり道具はどう使うか次第ということである。

本来あるべきChatGPTの有り様とは？

ChatGPTが広く利用されるようになった理由の一つとして、モラルに反することを言わせないためのＡＩアライメント処理が施されているからであることはすでに述べたところだが、ところで、果たしてこの方法が理想的な対策なのであろうか？

ＴＥＺＵＫＡ２０２３において、クリエイターがシナリオを創り上げるためにGPT-4を活用した際、「生成ＡＩは面白くない」という感想も実はいただいていたのである。どういうことかというと、映画やドラマ、マンガにおいてはもちろん現実には起きるはずもない過激なストーリーが展開されることは当たり前であるが、このようなストーリーがChatGPTでは生成できないようになっている。斬新なストーリーを生成しようとしてもそのような過激な文を生成してくれないことから、肝心なところで使えないというのである。もっともである。

酒の席や普段の何気ない会話で、「地球温暖化を解消するには人類が多すぎる、つまりは……」などという展開があることは決しておかしなことではない。人を殺《あや》める方法にしてもドラマや映画で見たことがあるし、それなりの知識が頭にある。我々はモラルに反することも頭の中で妄想することができる。ただし、そのようなモラルや社会規範から逸脱したことはそのまま口にすることはない。喩《たと》えるなら、同じく頭の中にモラルチェックシステムがあり、モラルに反することを言わないようブレーキをかける仕組みになっているからであろう。

本来あるべき理想的な大規模言語モデルは、アライメントを施さないほうがよいのだ。その代わりに我々と同様に、モラルチェック機構も大規模言語モデルの内部に有し、モラルに反することは言わないように事前にストップをかけ、モラルに反しない出力をする仕組みがあるべきなのであろう。そのようなシステムも、遠からず登場するに違いないが、当面は、大規模言語モデル自体にアライメントを施すしかないというのが実状である。

第４章　ＡＩを使うか、ＡＩに使われるか

AIが仕事を奪うとはどういうことか

「AIに仕事が奪われる職業ランキング」なるものを度々目にする。Deep Learningが登場した初期の頃のランキングでは、知的労働分野に比べて定型作業や接客といったブルーワーカーのほうがより仕事を奪われると捉《とら》える傾向が強かった。しかし、生成AIが登場すると、安泰だと思われていたホワイトカラーのほうが仕事を奪われる可能性が高いのだという。

そもそも、テクノロジーは人が楽をするため、より日常を便利にすることが目的であり、それまで人がやっていた作業と置き換えるために生まれたものである。産業革命で蒸気機関が発明されたことで、馬車がなくなり、電卓が発明されたことでソロバンが不要となり、ロボットの登場で自動車を組み立てるのはロボットの仕事になった。この流れでオフィスでの作業のための文書や表を作成する各種アプリケーションが開発された。現在のAIも、人がやりたいことを代わりにやってくれるこれまでのテクノロジーの一つであることに違いはない。

我々は当たり前のように電卓を利用するが、それは電卓が便利だからであり、「電卓に計算能力を奪われた」と悔しがることはまずないだろう。では、なぜＡＩに限って「奪われる」という認識を強くするのか？

力仕事も計算も記憶も人にとっては必ずしも得意なものではなく、この部分でのテクノロジーの活用に対してその正当性を主張することはできた。これまでのＡＩが可能にした将棋や囲碁や高度な科学技術計算などは、そもそも人が苦手とする分野であった。実はＡＩにとってはそのような分野のほうが対応しやすく、人にとって当たり前の「流暢《りゅうちょう》にしゃべること」や「常識を扱うこと」のほうが苦手だったのである。

しかし、ChatGPTが可能としたのが我々の日常生活における最も根幹であるところの言葉を操る能力であり、人ならではの、そして人にとって当たり前の能力である。ここへきて、人にとって当たり前のことをＡＩができるようになると、それは誰にも関係することになり、対岸の火事ではなくなった。そして、「そもそも人が苦手とすることが、できるようになったのだ」という言い訳もできなくなったことなどが、ＡＩに対して脅威を感じることに繋《つな》がったということであろう。

ChatGPTは壁打ち的に使うことで発想支援に使うことができるものの、主にその能力を発揮するのは、大量文書の要約や、定型文書や文書からの表の作成、パターン的なプログラム書きや間違い探しなど、よくよく考えると決して創造的なタスクではなく、我々にとっても面倒な作業ばかりである。つまり、これらのタスクはそもそもAIに任せたほうがよいわけであり、残念ではあるが、AIへの置き換えによる人員配置の見直しが広範に起こることは間違いない。これは、人がやるべき仕事は人がやり、AIで済むことはAIで済ませるという当たり前の棲《す》み分けをするときがいよいよ来たということになる。ここで、人がやるべきタスクとは何かといえば、創造的タスクや、人の感性や感情が関与する類《たぐ》いのサービスに関するタスクなど、「新たな価値を生み出す領域」と「人対人に関わる領域」が該当する。

AIは道具であり、その能力を発揮させるのは使う人次第である。AIの専門知識を持たずとも容易に利用可能な時代に突入しつつある状況のなかで、人がすべきことを、AIを道具として活用することで前に進めていけば、新たな可能性が見いだせる確度は高い。一方で、進まなければ現状維持となるだけであり、進む人々とそうでない人々との差がどんどん開いていくことになる。

棲み分けを考える以前に、ここで考えなければならないのは、「我々自身がAI化しつつあるのではないか？」ということだ。日々の生活において我々が接する情報はあまりに多い。しかもそれらは自分で入念に選別したものではなく、プラットフォーマーの独自のアルゴリズムにより選別された情報である。知らぬうちに偏った情報に接しているのだ。また、重要な判断を短時間で下さなければならない場面も増えてきた。当然、じっくり考える時間はない。我々が一日にできる情報処理の量には限界があるが、それを超える情報に日々曝《さら》されれば、即断即決するしかなくなる。無論、その判断は、じっくり考えての判断よりも質は下がることになる。

しかし、人は楽をしたい生き物である。即断即決でそれなりに問題ないのであれば、じっくり考える必要はないと考えるようになる。それに即断即決といっても、判断をサポートしてくれる分析ツールや意見集約システム、それこそChatGPTの出番であるが、これを駆使することでそれなりの品質が維持できるようになれば、さらに人はじっくり考えることはしなくなるわけである。

また、「注目されることに意味がある」というアテンション・エコノミーが台頭することで、真に価値がある情報、真に伝えられるべき情報が、目立ちたいだけの表面的な多数の情報のなかに埋もれてしまう現象も深刻化している。アクセス数が多ければ多いほど、そこに広告枠を持つ企業に対して広告収入が入る仕組みがあるからである。プラットフォーマーは広告収入が重要な財源であり、そのためにアテンション・エコノミーという流れを止めることは難しい。モラルに反する内容であろうが、注目されればお金になるのであればやるというわけだ。

こうした状況をふまえると、人というものが中身のない表層的なシステムへと変貌《へんぼう》しつつあるように感じてしまう。これでは入力に対して適当に出力を返す単純なシステム化である。ＡＩ化しつつあると言ったが、ＡＩのような豊富な知識もなく、しっかりした文章を生成できるわけでもないとしたら、劣化したＡＩ化である。これでよいわけがない。しかも、悪いことにＡＩのほうが、これから技術が発展することに伴って、豊かな感性や自ら考える自律性など、本来の人が持つ能力を獲得しようとしている。将来は、モラルもＡＩから教えてもらう時代がくるのかもしれない。さらには、内なる動機をなくし、単に入力される情報に対する脊髄《せきずい》反射的な処理をするシステムと化し、それでも安定して生存できるのであればそれでよい、という人々も出てくるのかもしれない。[10] まさに人が動物レベルになるということであるが、それでよいわけがない。

AIがまだ苦手とする「人間力」とは何か

明らかに言えることとは、これまで以上に人本来の能力である創造力や状況認識能力、共感力、感性、そして人とのコミュニケーション力といった社会性を高めることの重要性である。

これらは、現在のＡＩはまだまだ苦手とする能力である。イノベーションを生み出すためのアイデアの種同士を繋ぐことでの新たな価値の創造は人にしかできないし、現在のＡＩは膨大な知識が詰め込まれているものの、五感を通してその場の状況を理解しての判断ができるわけでもないことは先に述べた通りである。社会性は人が生きるための根幹であり、社会性を持つアリにせよ魚にせよ、お互いが協調することで生存し続けてきた。そのためには人にせよアリにせよ魚にせよ、それぞれが自律性を持ち、自ら能動的に行動できる自律行動主体である必要があり、そもそも生命とはそのようなシステムであった。一方で現在のＡＩはまだ道具であり、高い自律性を持つに至ってはおらず、人とともに豊かな社会性を構築する相手とはなり得ないのである。

これらの能力が育《はぐく》まれるのは中学生くらいまでであろうし、その重要な期間はＡＩやインターネットとの過度な接触は不要であると先にも述べたが、残念ながら理想とはいえない情報教育の弊害として、現在においてすでに若年層におけるこれら人間力の低下が懸念されている。しっかりした読解力や状況認識能力、そしてそれらを適切な言葉として表現できる能力がなければ、そもそもChatGPTを使いこなすことはできない。

小学校における情報教育が開始されている。何を教えるのかについての指針はしっかりしたものがあるとは思うが、実際にその指針に基づき具体的に授業でどのように教えるかは現場の教員に任されている。潤沢な資金のある私立学校であれば情報教育のための専任教員を雇用することも可能であろうが、公立小学校では理科や算数を教えている先生が情報教育も担当することになる。無論、情報教育は専門外であろうし、ただでさえ負荷が多いことが問題視されている教員の業務をさらに増やしてしまうことになる。当然、理想とする情報教育が徹底される可能性は低くなる。

この状況において敢《あ》えて情報教育を必須《ひっす》とする必要はあるのだろうか？　情報教育の必要性が指摘された当時のＩＴやＡＩ技術は、駆使するのにたしかに高いリテラシーが必要であったが、今やプログラムを書くこと自体がＡＩに置き換わろうとしている。無論、当時は想定できなかったので責めることはできないが、そうであれば変化を見据えて、何を教育するかの指針を機動的に更新できるようなアジャイルな教育システムに転換することも急務であろう。一度方針を決めると状況が変わってもその方針をなかなか変更できないのが、日本の体質である。

広がる格差は避けられないのか

人は楽を求め、テクノロジーは進化する。この流れは止まらないとすると、ＡＩを活用し新たなイノベーションを起こすことで突き進む層と、それらの価値を受け入れるだけの層の格差はどうしても開いてしまうことになる。価値を受け入れるだけの層は、まだよいのかもしれない。新たな価値がそもそも全員に行き渡るとも限らないからである。

すでに富の分布において大きな格差が生じていることはよく耳にする。そもそも自由主義社会において、富む者とそうでない者の格差が生まれるのは必然であり、しかも冪乗則《べきじょうそく》に基づく分布（冪分布）となることが正しい流れである。

学校での期末試験の成績などは平均点があり、それよりも高い点数と低い点数をとる生徒の数が緩やかに減っていく山のような形となるが、このような分布のことを正規分布と呼ぶ。見慣れた分布だと思うが、実は世の中にある様々な分布を見ると、このような正規分布はマイナーな存在であり、冪分布となるもののほうが圧倒的に多いのだ。

冪分布とはジップの法則などとも呼ばれ、ごく少数の圧倒的に高い数値を持つものと、圧倒的多数のごく低い数値を持つものがあるような分布のことを言う。そして、高い数値を持つ圧倒的少数においては、その中のさらに少数はさらに圧倒的に高い数値を持つという構造になっている。そのため、グラフにして見ると、少数はなかなかゼロにならず、少数の部分が延々と続く形になり、この部分はロングテールなどと呼ばれる。

Eコマース大手のアマゾンは、このロングテールに目を付けることで成功したとして有名だ。商品は、頻繁に売れる商品の種類はごく少なく、週に数個、月に数個という具合にたまにしか売れない商品もあるわけで、しかもそれらの種類は実は極めて多い。店舗を構えるお店の場合、棚に置ける商品の数は限られているので、当然頻繁に売れる商品を置くことになる。その代わりに、たまにしか売れない商品は棚に置かれないため、その店舗では販売されないことになる。

一方アマゾンのように店舗を構えないオンライン型では、売れる商品だろうとそうではないものだろうと、とりあえず倉庫に置いておけばよい。すると、たまにしか売れない商品も売ることが可能になるのだ。ここで重要なのが、頻繁に売れる商品はそれだけ売り上げが立つものの、そのような商品の種類は商品全体から見ると少数であることだ。一方、たまにしか売れない商品は売り上げが立つペースは低いものの、そのような商品の種類は圧倒的に多い。おわかりかと思うが、アマゾンはロングテールの商品を扱うことで儲《もう》ける方法を見いだしたのである。当然、綺麗《きれい》な店を構える必要もない。しかもアマゾンともなると大規模倉庫を構えることができ、荷物の出し入れはロボット化されているので、多くの種類の商品を取り扱うことができる。

自由主義経済の下では、富む者とそうでない者の分布も冪分布となることが知られている。実際、世界の10％の富裕層が全体の75％の富を持つという。お金がある人はそれだけしっかりした教育を受ける機会やＡＩを利用できる可能性は高いし、持つ者にはどんどん機会も集まるのである。そして、ＡＩを活用することでより高い価値を生み出すことが可能となり、しかもＡＩを活用できるのがごく一部（現状においては富裕層）となれば、冪分布に基づく格差がさらに広がることは容易に想像できる。無論、冪分布となるのは自由主義経済においてであり、その対極にあるのは社会主義圏ということになるが、現実にそちらの社会システムによる国々を見ても理想的な社会が構築されているようには見えない。

こうなると、複雑系で言うところの「新たな相」に転移する時期が迫っているのかもしれない。相転移とは、複雑系システムにおいて安定した時期がカオスのような混沌《こんとん》とした段階を介して新たな安定した時期に一気に移る現象のことを言う。ここで言うカオス的状況が大きな戦争であっては本末転倒であり、現在の社会が混乱している状態という意味でのカオス的状況であってほしいところであるが、いずれにしても、新たな安定した社会に転移するためにできることはいくつか考えられる。

格差是正の方策

即効性のある方策としては、兎《と》にも角にも行政が生成ＡＩを全国レベルで利活用することにより大きな効率化を実現することである。

２０２３年４月に日本の行政で最初にChatGPTを導入したのは神奈川県横須賀《よこすか》市役所であるが、同市のホームページ[11]には導入したことによる効果に関する報告が掲載されている。たかだか2カ月間での効果ではあるが、およそ２０００名の職員において、一日の文書作成などの作業でChatGPTを利用した割合が3割であり、時間にすると一日につき10分程度の短縮となったとのことである。これを1年分（労働日数約２４０日）とすると年間約2万時間の短縮となり、単純に時給換算すればかなりの金額になろう。

しかも生成ＡＩの利用といっても、現在においては直接ChatGPTを利用することだけでなく、オフィスツールや既存の事務作業用のアプリケーションにも組み込まれ、どんどん使いやすくなっていることを考えると、より時短効果が期待できるようになっているはずだ。全国の行政で利用することの効果は相当なものになるであろう。現状において「使うしかない税金」を使わなくなることでの節税効果は、ベーシックインカム的効果として国民に還元されることにもなる。

行政でのＡＩ活用は即効性のある対策だが、活用する上で重要なことは当然、プロンプトの書き方である。プロンプトエンジニアなどという職業が生まれていることからも自明であるが、扱いにくい汎用《はんよう》ＡＩを器用に使用するためのプロンプトの書き方のノウハウを共有することが重要になる。そして、前述の報告書で報告されているのは、プロンプト以前に「書く能力」が重要であるということだ。自分がすべきことが明確であっても、それを適切に言語化できなければ生成ＡＩを使いこなすことはできない。ChatGPTには膨大な知識が詰め込まれてはいるが、我々の問いかけそれぞれについて詳細にプロンプトに書き込まないと、いわゆる間違った答えが返ってくることになる。人同士ならわざわざ口にしなくても共有できる常識的なことであっても、ChatGPTは空気を読むことができないので、面倒な作業ではあるが、いちいちプロンプトとして書かなければならない。
「ChatGPT は間違える」という指摘が、登場した頃よく聞かれたが、ほとんどのケースにおいては、プロンプトのほうに問題がある。記載する量が少ないのである。人同士の会話でも同様であろう。「それだけではわからない！」「もっと状況を教えて」などと言うことがあるが、それと同じである。AIがこちらの考えていることを想像して回答することなどできるわけがない。

ChatGPT を始め、生成AIの普及速度が遅いと言われる日本であっても徐々に進展していること自体は間違いないのだが、その速度において、進展が速い都市部とそうでない地方との格差が広がる懸念についても留意する必要がある。都市部にある大企業と、都市部、地方にかかわらず存在する圧倒的多数の中小企業との格差と言い換えてもよい。

ChatGPT は営利目的のために利用する場合は有料となるし、ChatGPT を他のアプリと組み合わせる場合や、前述の御用聞きAIのようなアプリを開発するにも費用が発生する。また、高いAI開発スキルを持つエンジニアというリソースが圧倒的に足りていない状況において、資金の豊富な大企業であれば必要なリソースを容易に確保することができるが、特に地方の中小企業はそうはいかない。ＡＩが民主化されたとは言えないのが現実である。

現状はコンサルタント会社に助け船を依頼することになるが、それにもやはり資金が必要となる。しかも派遣されるエンジニアはいずれ現場を離れることになるため、派遣されている間にノウハウが現場の社員に浸透しないと元の木阿弥《もくあみ》になってしまう。そうであれば、中小企業においてなんとか一人を選抜し、1年間はそれまでの業務から解放し、生成ＡＩの利活用のリテラシーをひたすら身につけてもらうのが一つの手である。そのような人材をサポートする制度があるとさらによい。研修期間が終わると現場に戻り、その会社のすべての部局を回り、ＡＩを導入していく。コンサルタント会社から派遣されるエンジニアと異なり、その会社の社員であるので、現場に密着した持続性のあるＡＩ導入が期待できるというわけだ。また、地元で活動している中小企業診断士もＡＩ導入を後押しする役割を担えるのではないか。

そのような手立てを施したとしても、ＡＩを利活用するための環境において、やはり都市部のほうが恵まれている。これを是正するには、誰もがＡＩを利活用できるようになるためのインフラが、水道や電気と同じように全国津々浦々に整備される必要がある。課題や解くべき問題は現場にあるわけで、それを解決するためのＡＩの利用が、蛇口をひねれば水が出るようにどこでも可能となるインフラが地方にも整備されて初めてＡＩの民主化が実現されたと言えよう。資源の乏しい日本において地方が疲弊してはますます国は弱体化してしまう。積極的なＡＩインフラ整備が急務である。そのためにも、まずは行政での広範なＡＩ利活用による効率化を率先して進めるべきなのだ。

格差の是正におけるもう一つの対策は、これこそが抜本的な解決策であると言いたいのだが、教育へのＡＩの活用である。繰り返すが小学校の授業に生成ＡＩを活用せよというのではない。学校の先生方が積極的にＡＩを活用し、忙殺される事務作業の効率化をしていただくという意味である。日本の学校教員はとにかく忙しいことで有名である。心身ともに余裕がなければ生徒一人ひとりと向き合うことは難しい。事務作業の効率化をしてゆとりを持っていただくことが第一である。通信簿には先生が手書きでメッセージを書く欄がある。すべてを生成ＡＩで勝手に生成しては意味がないが、例えば、日頃の生徒についてのメモをとっておけば、それらをChatGPTで２００字程度にまとめることなどは一瞬でできる。何を書くべきかは教員が考えるが、それを定型的文章にするのは人がやる必要はない。

小学校中学校において子どもが学ぶべきは、五感を刺激し、豊かな人格・社会性を身につけることであるというのが大前提であり、ＡＩと向き合うより先生と一緒に遊ぶほうがどれだけ意味のあることか。先生にはそのためのゆとりが必要である。

教育現場でのＡＩ活用における壁は、効果が発揮されるまでにかかる時間である。小学校の生徒が社会の一員となって活動し始めるまでには10年程度かかる。教育への投資は長期的な視野で行うものとなる。つまり、根源的な問題は、効果が発揮されるまでに時間がかかることではなく、そのような長期的視点に立って物事を考え、積極的に投資することが日本として極めて難しい状況になってしまっていることにある。

また同様に、日本の国際的な研究力の低下に歯止めがかからず、イノベーションが起きにくくなっているという指摘もある。イノベーションは起きているが、それは現在使える技術を使って現在のビジネスに直結するものばかりであり、10年後にブレークするような類いのイノベーションが起きにくい状況が加速しているのだ。基礎研究はその成果が社会実装に至るまでに十数年はかかるし、また１００件の基礎研究で成果があったとしても、そのすべてが社会で実際に活用されるかどうかはわからない。コロナ禍で大活躍したmRNA

ワクチンが良い例だ。２０２３年、ノーベル賞の生理学医学賞はmRNAワクチンを開発した、ハンガリー出身のカタリン・カリコー氏らが受賞したが、彼女がこれを発見した当時は全く評価されず、当時所属していた研究機関をクビにすらなっている。しかし、その研究が10年後に日の目を見たわけである。社会実装までには時間がかかるが、そのときになれば大きなインパクトとなる、だからこそ基礎研究は重要なのである。

基礎研究をしっかり行う基盤はかつての日本にもあったはずだが、それがどんどん崩れている。税金を使っての研究において失敗は許されないという空気が基礎研究にとってのブレーキとなってしまう。必ず成功する研究など研究ではなく、それはむしろ開発である。10年後に社会的に認められることが自明な基礎研究がどれであるかはわかるはずもない。しかし、だからこそ多様な基礎研究をしっかり行う必要があるはずだ。それがレジリエンスの高い国とする最善の方法である。教育も同じである。

そしてこれは、国や政府への提言などではなく、国民一人ひとりへの提言である。地震や台風、日常生活への不安などから直近の問題解決ばかりに目が行ってしまう。もちろんそれも大切だが、我々一人ひとりが長期的な視野で何をすべきかを考えることがどんどんできなくなっているのではないだろうか。

逆転の発想

すでにカツカツの資金を教育に活用することが難しい状況において、では、どうやって新たに資金を生み出せばよいのか？　以降の議論はなかなかに受け入れがたいかもしれないが、実現可能性としては期待できるものであろう。

現時点においてＡＩを積極的に活用でき、さらに大きな利益を獲得できるごく一部の大企業を中心とする「動ける人々」がさらに活発に活動できる環境を整備し、これまで以上に富を増してもらう一方で、税金として社会に再分配するしかない。なぜなら、ごく一部のＡＩを積極的に活用できる人々が獲得する利益は莫大《ばくだい》なものとなるからである。

この考え方は、インバウンドを活性化する政策においても当てはまる。今や北海道のニセコやルスツで大きな変化が起きている。１泊１００万円といった富裕層向きのホテルが続々登場しているのである。筆者が以前、大手旅行代理店と意見交換をした際に議論になったのは、日本に外国人旅行者をどんどん増やしたいものの、海外の富豪が楽しむような場がないことが課題だということだった。１泊１万円なら１００人が宿泊しないと１００万円にはならないが、それを一人の富豪がその高級ホテルにたかだか１泊するだけで１０

0万円稼げるのである。ごく一部の「動ける人」が動きやすくするための規制緩和、そして、生み出した富を循環させるインフラを整備することで資金が回るようにすることが即効性のある対策なのだ。

格差是正のための方策について議論しているにもかかわらず、格差を加速させよと主張しているのである。長期的視野としての格差の是正のために直近での格差を広げるという提言である。もちろん政治主導での思い切った改革が必要であることはいうまでもない。まずは動けるところが動きやすくすることが出発点である。

第5章　社会が生成ＡＩを受け入れるための課題

生成ＡＩによる生成物の著作権について

社会を大きく変容させる可能性を持つ生成ＡＩの登場を皮切りに、これからさらに進展するＡＩであるが、社会がそれを受け入れるためにはいろいろな問題が発生することも事実であり、これらを解決することも必要不可欠である。ここで生成ＡＩを中心とする諸課題を整理するとともに、その対策について考察する。

まず大きな議論となっているのが、生成ＡＩを活用して創作したコンテンツに対して著作権を認めることができるのか、についてである。

生成ＡＩを使ったコンテンツには一律に著作権は認められないという論調があるが、ここで論点は二つあると考える。生成ＡＩに入力するプロンプトについての議論と、生成されたコンテンツに関する議論である。

生成ＡＩの性能を引き出すためには生成ＡＩへの問いかけであるプロンプトを工夫する必要がある。創意工夫のない誰でも思いつくレベルの簡単なプロンプトでもそれなりのコンテンツを生成することは可能であるが、そのコンテンツに著作権が認められるとは言いがたい。しかし、生成ＡＩとのやりとりを何度も繰り返し、結果的に複雑なプロンプトとなり自分の納得するコンテンツを生成させた場合においては、どのようなやりとりをしたのかに依存するところはあるが、生成されたコンテンツに著作権が発生しても問題ないと考えられる。また、生成されたコンテンツに対しては、簡単なプロンプトにて生成されたコンテンツであっても、それに対してクリエイターが様々な変更を施し納得のいくコンテンツに仕上げたものであれば、著作権が発生すると考えることは自然であろう。

問題はどの程度プロンプトを工夫し、生成されたコンテンツにどの程度手を加えたのかの度合いであるが、この判断における絶対的な尺度を定めることは難しい。ユーザーとしてできることは、作業の過程の詳細なログ（作品を生成するまでの工程）を記録しておくことである。ログを見てコンテンツに著作権を認めるか認めないかはその時々の社会が判断するというのが現実的な方法だと考える。無論、ログと生成したコンテンツの両方を入力して、そのコンテンツに著作権を認めるかどうかを判断するＡＩシステムを開発するという方法も考えられるが、そのためには、そのＡＩシステムの判断に皆が同意する必要がある。

また、特許の申請において、発明者は人間に限定するという司法の判断があるが、これは正しい。現在のＡＩは人が使う道具であるから、発明するのはＡＩを使う人以外にはあり得ない。ただし、今後において高度に自律性を持つＡＩが登場すると話は難しくなるであろう。

データ市場の形成

生成ＡＩに対する社会の反応においては、ＥＵ圏や米国に対して日本は特異な状況にある。ChatGPTにせよStable Diffusionにせよ、欧米においてはこれらの生成ＡＩを開発する段階で、人が作成した大量の絵や文章が無断で学習に使われていることが著作権的に問題であるとの見方が示されている。事実、クリエイターが訴訟を起こすに至っている。他方、日本においては、どんなデータを使おうが基本的にＡＩが学習に使うことを認めている。ただし、学習にデータを利用するのであれば、それなりの対価をＡＩ開発企業に要求するという流れも出てきている。データを無断で使い放題にできることは、ＡＩ開発の促進にプラスではあるものの、学習に使いたいデータが存在するということは、そのデータに価値があることを意味し、その価値を利用するために適切な対価を支払うべき、というのも正しい展開である。

無論、データの利用において対価を支払うようになった場合は、構築したＡＩを利用する際にも対価が発生することになり、安価で生成ＡＩを利用できる状況はなくなり、結果的にユーザーにとってはマイナス効果となる。ＡＩの利用料金を下げるにはデータ利用の対価を下げる必要がある。つまりは、生成ＡＩの登場が本格的なデータ市場を生み出し、データの利活用という生態系における適正な価格体系を決めるデータ市場が形成されていくのかもしれない。

人の尊厳

２０２３年５月にハリウッドで俳優や脚本家がストライキを起こした。このストの背景にあるのは、俳優がデジタルスキャンされた後は用無しとなってしまうことへの懸念や、一般人が生成ＡＩを使って脚本を大量生成することが脚本家の失業に繋《つな》がることへの懸念である。そもそも前者の問題はＡＩの問題ではなく、人の尊厳の問題である。スキャン対象の俳優が存在すればこそデジタル化ができるのであり、デジタル化された後においてもＡＩキャラクターとして活用されるのであれば、その俳優に対価が支払われるのは当然である。実際ストライキは終結し、俳優の尊厳が護《まも》られることで妥結できたことは好ましい展開であった。後者についてはプロの脚本家が時間とコストをかけて高品質のシナリオを生み出すのに対し、一般ユーザーが生成ＡＩを使うことで安価かつ短時間でプロに迫る品質のシナリオを大量に作り出すことへの懸念であり、もちろん大いに懸念されるべきことであるが、これもＡＩの民主化による効果ではある。

ただし、この議論には欠けている部分があるとも感じる。プロの脚本家にとってもＡＩをフル活用すれば、より創造性のあるシナリオの量産が可能となるのだが、なぜかプロはこれまで通り人手で作業するものだ、ということになっている。「一般ユーザーのみがＡＩを使う」という暗黙の前提が置かれることに不自然さを感じる。生成ＡＩはあくまで道具であり、プロであろうが素人であろうが、人の創造性を引き出すサポートツールである。ＡＩ自体が人を凌《しの》ぐ創造力を勝手に生み出すことはない（前述のＴＥＺＵＫＡ２０２３は、まさにプロがＡＩを活用することで、高品質な作品を量産することを目指すプロジェクトであった）。使いこなせば自分のレベルを向上させることが誰にでも可能なのである。

しかし、現実には新しい一歩がなかなか踏み出せないこともあるし、周りからのネガティブな情報によって使うことを躊躇《ちゅうちょ》してしまうこともある。そして、これが生成ＡＩを使いこなす層とそうでない層の格差を急激に広げてしまうことにもなるのだ。重要なことはまず使ってみることである。ＡＩに距離を置くようでは使いこなす層にどんどん冷徹に置いて行かれることになる。

似てしまうことはある

今後さらに進化する生成ＡＩにより上質で多様なコンテンツが容易に生成できるようになっていくことは間違いない。しかし、利活用のための明確かつ国際的な標準ガイドラインや法制度の整備が追いついていないのが現状である。これはテクノロジーが加速的に進化する現状においては致し方ないところだが、逆の見方をすればそのような状況を前提とした制度設計が必要ということである。制度設計が追いついていない現状においては、クリエイターもなかなか思い切って生成ＡＩを活用することができない。

生成ＡＩを活用しようがしまいが、自分が作るコンテンツは自分ならではのコンテンツであることは当然であり、他人が制作したコンテンツを故意に真似ることはあってはならない。しかし、これまでもロゴを発表してから盗作ではないかとの議論で盛り上がることがあったし、これは生成ＡＩを使って作成したコンテンツにおいても同様にあり得る。ここでの難しさは、盗作ではないことの証明の難しさだ。自分が故意に真似て作成したのではないことを示すために最大限の調査をして、盗作と思われることがないよう確認する必要が出てくるのだが、世の中にあるコンテンツのすべてを調査できるわけがなく、コンテンツを発表した後で、想定外のこととして、既存のコンテンツとほぼ同じことがわかり、その作者から訴えられる可能性があるということである。特に生成ＡＩへの世間からの注目度が高いなかで、これを使って生成したコンテンツに対して盗作疑惑が発生した場合、作者が訴えられる可能性や風評被害は通常よりも高いであろう。何より作者へのネガティブな印象が強まってしまう懸念のほうが深刻である。そのような状況でクリエイターが前向きに生成ＡＩを活用しづらいことは容易に理解できるが、これが創造する作業へのブレーキとなってはならない。

既存のコンテンツに類似するものが生成されることについては、「生成ＡＩを開発する段階で使用された膨大な学習データの中にその既存のコンテンツが含まれていた」という可能性がまず考えられる。だが、生成ＡＩの土台であるDeep Learning技術は「学習のために入力されたデータの特徴」を、人の脳と同じレベルで見抜いて獲得できる表現学習が最大の長所であった。つまり、膨大な人の顔を学習しているStable Diffusionなどの画像生成ＡＩは、人の顔の本質的な特徴を獲得していることになる。すなわち、ほぼどのような顔でも生成できる能力を獲得しているのだ。

この状況に対する対策としては、まずはクリエイターとして、自分が故意に類似する作品を生成させたのではないことを示すためにも、先に触れたように作業の詳細なログを記録しておくことである（無論、それで確実に故意でないことが証明できるわけではないのであろうが）。もう一つの対策としては、新たな保険制度を作ることである。万が一故意ではなく偶然既存のコンテンツと瓜《うり》二つの作品を生成し、盗作だとして訴訟を起こされてしまった場合、保険会社が故意ではないことを認めた上で、損害を補償するというやり方である。そのような保険制度ができれば、クリエイターは１００％とは言えないが、安心して生成ＡＩを活用することができるかもしれない。

複雑化するテクノロジーへの対応

生成ＡＩは、まだＡＩの進化における通過点に過ぎない。そしてこのことは、これまでの人とテクノロジーの関係が今後大きく変化していくことを意味しており、現在の法制度に対しても変革が求められることになる。

我々がある製品を作ろうとすると、従来の方法はトップダウン型の工程での製造となる。

最初に完成を目指す製品に要求される性能やデザインを確定するのだ。そうすることで、それを製造するために必要な複数の部品をデザインすることができ、それらの部品もさらに複数の部品に分解することができる。こうして十分に小さな部品に分解できた段階で、末端の部品の組み立てを開始し、完成した末端の部品を組み合わせて一つ上位の部品を組み立て、これを繰り返すことで最終的な製品を完成させるのである。例えば、航空機などは数百万という部品の集合体である。このような複雑なシステムは、詳細なトップダウン型に基づく設計によって作り上げることができる。完成させてみたら想定外の動作をするような製品を世に出せるわけがない。

身の回りにあるテクノロジーに基づく製品のすべてはトップダウン型であるが、この方法にも限界がある。まず、人が創造することが困難なレベルの複雑で大規模なモノを作り出すことは当然できない。また、作りたいモノのイメージはそれなりに明確であるものの、それをどのような部品もしくはサブモジュールに分割すればいいかがわからないようなモノも、トップダウン型の方法を適用することはできない。作りたいシステムが大規模複雑化すれば、部品に分解する工程でのミスが生まれる可能性もあるし、部品への分解の仕方にミスはなかったとしても、部品を組み立てる段階において想定外の機能が生まれ、それが完成品に想定外の影響を及ぼすということも考えられる。大規模で複雑なモノを作ろうとすればするほど、その設計は難しくなる。

我々が普段使うパソコンやスマホにはＯＳ（オペレーティングシステム）が搭載されている。WindowsやMacOS、iOSやAndroidである。ＯＳはパソコンやスマホといった物理的なデバイスと、我々が直接操作するアプリとの仲介役であり、ユーザーがアプリの利用に集中できるよう、インターネットでのデータのやりとりやパソコンのデバイス制御などの複雑な処理を行ってくれるソフトウェアである。このＯＳは数千万から数億行というとんでもない長さのプログラムで書かれている。これくらいの規模になると、一人のプログラマーが理解できる量を超えている。つまりは、システムのすべてを詳細に把握できる人がいない状況でシステムが開発されていることを意味する。

無論、どこかを修正したり拡張したりすれば、想定外の部分で不具合が起きる可能性もあるだろうし、ハッカーが入り込むセキュリティ的な欠陥も発生してしまうことになる。つまりは、人が１００％制御できない、そしてそもそも１００％設計通りに動作しない可能性のあるシステムが、現時点でもすでに我々の日常生活に深く入り込んでいるのである。

怪しい技術であっても、それが極めて高い能力を有するのであれば、人は迷いつつも結局は使うのである。ＡＩもその典型例だろう。

エアコンなどの家電は、その動作に確実性が求められるし、温度を設定すればちゃんとその温度になるように動作する。しかし、ＡＩによる画像認識において１００％確実に動作すると言い切ることはできない。学習に基づいて動作するシステムであることから、学習していないことには対応できないし、想定外の状況にも対応できない。それでも我々がＡＩを利用するのは、１００％確実に動作できない可能性があっても不具合は稀《まれ》であり、ＡＩがやってくれる知的作業のレベルが極めて高く利便性が高いからである。

巨大なＡＩシステムを構築する場合も、トップダウン型のようにそれを複数のサブシステムに分けて構築していくスタイルをとるわけであるが、どのようなサブシステムに分割するのかについても、「やってみないとわからない」ことが多々ある。このようなシステムの開発は従来の経営者にとっては厄介な問題である。これまではしっかりした設計に基づく製品開発が可能だったからこそ開発への投資ができたわけであるが、ＡＩはやってみないとうまくいくかわからないのである。そのような〝いい加減な技術〟に投資などできないと思う一方、うまく動作した場合の効果は従来の技術をはるかに凌ぐのである。高い能力を秘めるＡＩを使わないわけにはいかない。この問題は経営者だけでなく、法整備においても重要な転換を要求することになる。

１００％動作が保証できないＡＩが誤動作したら

わかりやすい例の一つが自動運転車である。

ユーザーが自動運転車に乗って移動しているときに、ＡＩの誤認識や運転制御ミスから事故を起こしてしまったとしよう。その自動運転車は自動運転のレベルが3、すなわちハンドルもブレーキもいざというときは人が操作するというレベルだ。当然レベル３以上の自動運転が認可されるためには膨大な学習データに基づく走行テストを行い、不具合が１００％発生しないレベルであると認定されることが必要であろうが、現実にはそれは難しい。地球上のすべての道路の、すべての季節、雨雪嵐などすべての天候での走行データによる学習を行うことができても１００％安全とはならないし、現実にそのようなデータを得ようとすることは荒唐無稽《こうとうむけい》であろう。特に厄介なのは歩行者や自転車である。米国での走行テストで問題なかったレベルの自動運転車が日本に持ち込まれた途端、うまく機能しなかったということがあった。道路幅が広く歩行者や自転車との接触の心配がない米国と異なり、日本では常に歩行者と自転車の動きをしっかり捉《とら》えていなければならない。最も複雑でその動きの予測が難しい厄介な存在が「人」である。米国で徹底的に学習したはずの自動運転車のＡＩが歩行者や自転車に対する学習においては未熟であったということだ。

とはいえ、自動運転車のほうが総じて人の運転よりも正確であり、瞬時の反応性も高い。総合的に判断すれば、どこかの段階でＡＩの成熟度が１００％でなくても社会投入に踏み切る判断をすることになる。自動運転車の社会投入において最先端を行く米国で、どれくらいしっかりした審査を経て認可しているのか不明なものの、州によっては認可した自動運転車の事故が多いことから運用が停止されたといったニュースもある。一方でメーカーとしては社会投入後もそのままユーザーから走行データを入手することで、ＡＩの学習に活用できるメリットもある。「やってみないとわからない」ＡＩは、１００％安全でなくとも社会投入して実際に運用してみないと、うまくいくかわからないのだ。実際、米国テスラ社の自動運転車が社会投入されて以降、人が運転していた場合に比べての事故発生率はかなり減少しているという報告もあり、確実にＡＩの社会投入の効果はあったようだ。

もし日本において自動運転車が社会投入された場合、どうなるだろうか。一度でも事故を起こしたら、その段階で運用が停止され、徹底的な原因解明がされるまで、運用の再開はないだろう。しかし、このやり方はＡＩにはそぐわない。運用しつつ問題を解決して完成度を上げていく方法のほうが適しているからである。

　では米国でＡＩが問題を起こした場合、どのような対応をとっているのだろうか？　これはＡＩに限らず、１００％動作を保証することが難しい技術全般に対しての対応の仕方であるが、平たく言えば「問題を起こしてしまったことに対して訴追されるものの、メーカーや自動運転車に乗っていたユーザーが、今後の事故再発の防止に向けた調査や原因究明に真摯《しんし》に取り組むことをもって訴追を延期したり、訴追しないという約束を取り付ける」（訴追延期合意制度）[12]といった、事実上免責するような対応をとると聞いたことがある。これは理にかなっている。

　テクノロジーの発展には、残念であるが犠牲が伴う。しかしその犠牲という失敗を通して技術が発展し、これを繰り返すことで現在の人類の繁栄がある。技術発展の仕方はよく「巨人の肩に乗る」とも表現される。一人がなしえる発明や開発は微々たるものであるが、その積み重ねでテクノロジーは巨人のような高さに至る。一人ひとりの新たな成果は小さくても、巨人の肩からの積み上げでさらに巨人は成長する。尊い犠牲をテクノロジーの発展の重要な出来事としなければならない。

しかし、失敗に対するこのような社会的な捉え方は、全世界共通ではない。特に日本はその真逆である。仮に同じように自動運転車が事故を起こしてしまった場合、メーカーだけでなく乗車していたユーザーさえ責任を問われることになりかねない。なぜなら、そのユーザーは100％完璧《かんぺき》でないことがわかっている技術を使った乗り物に、自らの意思で乗車した、つまりは事故を起こすかもしれないことがわかっていてそのような車に乗ったからである。

たしかに、事故や不具合が起きてしまった際、その原因を解明し責任の所在を明確化することは重要であるが、それを100％動作が保証されないテクノロジーでの不具合に適用すると、そのようなテクノロジーの研究開発にとってブレーキとなるだけである。安心して開発し社会投入することなどできない。

米国ではAIが台頭する以前から、前述の免責するようなやり方を社会が受容していることから、AI時代となっても自動運転車の開発を含め、失敗を伴うチャレンジができ、結果的に先に進むことができている。現状、先に進むことが困難になっている日本においても、米国のような免責的なやり方を認める法体系への変革がそろそろ必要なのではないだろうか。

人とAIが共生する社会の到来に向けて

自動運転ＡＩを含め、現在において身の回りにあるＡＩはすべて我々が操作する「道具としてのＡＩ」である。しかし、現在のＡＩ（第3世代型とも呼ばれる）をさらに発展させた、第4世代型のＡＩの研究開発が着々と進み始めている。第4世代型のＡＩこそ、これまでにも言及している「高い自律性と汎用《はんよう》性を持つＡＩ」である。

自律性とは、我々人と同じように自らの意思を持ち、自らの判断で行動するという意味である。完璧な状況理解能力と判断能力を持つＡＩが実現できるとは限らないものの、それでもＡＩの研究開発は前進し、遠からず第4世代型のＡＩは登場するであろう。なぜかといえば、それは人が求めるからである。

特に超少子高齢化時代が到来する日本において、介護などの現場における労働力としてＡＩやロボットへの期待は大きい。その際、決められた動作しかできないＡＩやいちいち命令しないと動作しないＡＩ、そして、状況を理解し空気を読んだ行動ができないＡＩでは、社会に溶け込み人と共生する関係には到達できない。ＡＩが自らの目的（目的は人が埋め込む）に従い、状況に応じてどのように振る舞えばよいか自ら判断し、人から指示されなくとも能動的に先回りして動作してくれるほうが圧倒的に便利である。そのようなAIであれば信頼関係も構築でき、人とAIとの共生関係も構築できると考えられる。

しかし、そのようなAIであっても、問題なく動作することを１００％保証することは難しい。利便性があれば、結局人は受け入れるだろうが、稀に誤動作を起こす可能性があるということだ。この場合も自動運転車と同様の法体系がなければ、有用なAIの開発や社会投入は難しい。

現在、最先端AIの開発や運用に関するガイドライン策定の動きが国際的に活発化している。正しいAIの理解に基づく議論となっていればよいのであるが、現実にはミスリードのままの議論も散見される。その意味でも研究開発に関わる研究者・技術者と法制度の整備に関わる学者・専門家との密な議論がこれまで以上に必要となる。

第6章　人とＡＩの共生

人とAIの共生は可能か

地球温暖化への歯止めはかからず、未《いま》だに痛ましい戦争はするし、我々が地球という有限のリソースしかない環境で繁栄を続ける限り、リソースの奪い合いが起こるのは必然だ。インターネットは有象無象の情報で溢《あふ》れ、我々の欲望を増長させた上に、しっかり考える能力よりも脊髄《せきずい》反射的能力を増強させつつある。これらの要因からして、果たして人類の自助で大きな困難を克服することはできるのであろうか？　楽観的に見てもなかなかに難しいのではないかと思えてならない。戦争での多大な犠牲があれども人類はこれを繰り返し、コロナ禍で世界的に活動を我慢するような経験をしても、喉元《のどもと》過ぎれば熱さを忘れる状態である。この状況を打破することはできるのか？

現在の状況を加速的に悪化させているのが、残念ながらテクノロジーの影の面であることは間違いない。しかしそれは、同じテクノロジーで解決できる余地もあるということだと思いたい。その鍵《かぎ》がAIであり、ただし現在のAIができないことができるようになる、さらに進化した第4世代AIであると筆者は考えている。

なぜ自律型なのか？

掃除機にしろ、エアコンにしろ、最近の家電は機能満載で明らかに知的に見える。お馴《な》染《じ》みの自走式掃除機は、人が操作しなくても決められた時間になると勝手に掃除をしてくれる。部屋をランダムに動き回るタイプもあれば、部屋のレイアウトを記憶し効率的に掃除したり、掃除が終わらない状態でバッテリー残量が少なくなると一旦《いったん》充電ステーションに戻って充電し、その後残りの掃除をするような高機能タイプなどもある。その動きは明らかに知的で、生きている機械のようにも見える。ただ、知的に感じられるといっても、それはあくまで用途が限定された、「道具としての用途限定型ＡＩ」が搭載された家電である。

ここで、このロボット掃除機に、落ちているモノを拾い上げることができるアームとグリッパー、カメラによる見守り機能、そして様々な家電を操作する機能など、多くの機能を搭載していくとどうだろう。もはや用途が限定された家電ではなくなる。用途限定の反意語は「汎用《はんよう》」であるので、このロボット搭載型家電には「汎用性がある」ということになるが、あくまで多機能が搭載されているだけで、状況に応じてどの機能を使うかの選択は人がする必要がある。これが汎用ＡＩであることはこれまで述べた通りであり、

ChatGPTは汎用ＡＩと呼べる本格的なＡＩの草分け的存在であった。

しかし、いちいち人が機能を選択して操作するのは面倒であるし、家電が自ら状況を理解してどの機能を使うのかを選択できればより便利だろう。そのための簡単な方法は、予《あらかじ》めどのような動作をさせるか決めておき、機械は決められた通りに動作するやり方である。ただし、これは「自律」ではなく「自動」であり、自ら判断して動いているように見えるが、その動きは予め設定されたものである。

これに対して、その場その場の状況を自ら理解して行動を選択できるＡＩであれば「自律性がある」ということになり、そして、哲学者のジョン・サールはこのようなＡＩは人から見ると明らかに意識を持っているように見えるだろう、としたのであった。そして、これが「強いＡＩ」であった。

この「自律型ＡＩ」の場合も、もちろん、自ら選択する仕組みは人がＡＩに組み込むわけだが、具体的にどのような選択をするかはＡＩに任されるところが自動と異なるところだ。では、行動を自ら選択するとはどういうことなのか。そもそもＡＩが自律的に行動を起こすときには、目的なるものを持つ必要があることはこれまで述べた通りであるが、自律型ＡＩにとっての目的とは何なのだろうか？

改めて思えば、我々人は常に多くの目的を抱えている。仕事に限定して考えるとしても、複数の案件を抱えており、しかもそれらを受け付けた順番に対応すればよいというわけでもない。優先順位が突如変わることもあれば、途中で割り込む仕事もある。また優先順位以外に、いつまでに終わらせなければならないかといった制約もあるだろう。しかも、我々は仕事以外にも、お腹が減れば食事をとるという、これもちゃんとした目的であり、トイレに行くという目的もある。日常生活における行動にデタラメな動作などあるわけがなく、すべてに理由、すなわちその行動をするための目的がある。我々は意識して、そして無意識にこれら無数の目的をリアルタイムに処理しているのである。

生物の場合の根源的な目的は「生きること」であると先に述べたが、それが「適度なストレス状態を維持すること」だと解釈すれば、空腹になればストレスのバランスが崩れるので、それを元に戻す、即ち空腹状態を元に戻すために食べるということになる。宿題をするのもそうだ。忘れると明日《あした》先生に怒られるという心配からストレスのバランスが崩れるので、それを元に戻すために宿題をするのである。

勉強するのにも人それぞれ何らかの目的があるはずで、それを達成しないといけないという焦りを感じていることもあれば、目的を達成したときの満足感を得て、より好ましい状態に至りたいと感じることもある。満足していないという、ストレスのバランスの崩れを戻すために勉強するのである。こうした、適度なストレスバランスを維持しようとする我々の機能のことはホメオスタシス（生体恒常性維持機能）と呼ばれる。

ロボットに多くの機能を搭載すればするほど、ロボットは稼働中にどのタイミングでどれくらいの時間で、どの機能を実行すればよいのかをテキパキと選択しなければならなくなる。床に小さなほこりが目立つのであれば掃除機能を発動させ、その途中で床に落ちているモノを発見すればグリッパーを使ってのピックアップ機能を発動させる。また、掃除中に外にいるユーザーからテレビ番組録画予約の依頼が入れば作業を一時中止して録画予約機能を発動させる。ただし、録画開始時刻が5時間も先であれば、そのまま掃除を済ませてから録画予約をしたほうが効率はよい場合もあるだろう。

我々は楽をしたいし、いちいちロボットに具体的な個々の動作を命令するのは面倒である。しかるに、我々がこのロボットに与えるのは「家の雑務を担当し、常に家を綺麗《きれい》な状態に保ち、家族からの依頼に対応すること」という抽象度の高い目的になる。ロボットはこの状態を維持すべく、この状態が崩れればそれを修復することを目的として、様々な機能を自ら選択するのである。

別の例として、ロボットに「家を綺麗にせよ」といった目的を与えたとする。家を綺麗にするといっても、床掃除なのか、窓拭《まどふ》きなのか、水回りの掃除なのか、床にワックスをかけるのか、など、具体的なタスクが複数存在する。例えば、もうすぐ来客があるというタイミングで、水回りの掃除や床のワックスがけを始められても困ってしまう。これでは〝空気が読めていない〟ということになる。状況に応じて適切にタスクを選択できる必要がある。このような、「家の雑務を担当し、常に家が綺麗な状態を保ち、家族からの依頼に対応すること」や「家を綺麗にせよ」のような抽象的な目的のことを「メタ目的」と呼ぶ。

もちろん、ロボットに搭載される機能がそれほど多くなければ、設計段階で、どのようなときにどの機能を実行させるかを制御する行動選択モジュールをしっかり作り込むことは可能だ。しかし、どんどん多機能となり汎用性の高い多様な動作が可能となると、事前に設定しておくには組み合わせも膨大となり、人手での設定作業は破綻《はたん》してしまうだろう。また、人がこれらの設定をするとなると、その人なりの具体的な目的の設定の仕方に偏ってしまうことになり、その人が思いつかない状況が発生したときに対応できなくなる。よって、自律型ＡＩにおいては、予め決められた動作ではなく、目的達成のために、状況において最適な動作を適宜選択できる能力が求められるのである。目的を達成するために自らが能動的に行動することこその自律性なのである。

常に学習は必要

当然であるが、自律型AIは選択した個々の具体的な目的を達成するための具体的な行動の手順が実行可能であるからこそ動作することができる。その際、その都度、最適な手順を考えてもよいのだが、それでは効率が悪い。それよりも個々の目的に対してそれを達成するための手順が予め決まっているほうがよいのである。思えば、我々の日常の行動も目的を達成するための行動の仕方がほぼほぼ決まっているではないか。ルーティーンなどと呼ぶこともある。

では、予め決まった動作はどうやって身につけたのであろうか？　我々は、初めて遭遇する問題に対処する際はどうしているのか？　対処の仕方を親や他人、学校の先生から教えてもらう場合もあれば、自分で探索的にあれこれやってみて、うまくいけばそのときの行動をその後も続けるようになるし、そうでなければそのときは適切ではない方法で対応しておき、後にうまくいく方法を見つけるまではいろいろと試すことを続けるだろう。

自律型AIにとっても同様である。一つの方法は、人が周りから教えてもらうのと同じく、設計者が個々の目的の達成のためにどのような機能を発動させるか、どの行動を選択させるのかをＡＩに予め組み込んでおくのだ。ただし、この方法は前述のようにＡＩが抱える目的の数や、ＡＩの持つ機能が多くなればなるほど対応できる組み合わせが増加して、設計することが困難になる。そもそも設計者が、自律型ＡＩが未来に遭遇するすべての状況に対して事前に対応策を組み込むことは不可能であろう。未来が予測でき、そのための方策について事前に対策できるのであれば、我々はもっと賢く生きているはずだ。では、ＡＩは設計者が想定しない状況に遭遇したらどうすればよいのか？　そこで動作が止まってしまうようなＡＩであれば社会に溶け込むことはできない。そこで、ＡＩ研究者は強化学習なる方法を考えだした。

ここで強化学習について改めて簡単に説明しておく。まず、ＡＩ技術といっても実に多くの種類があり、生成ＡＩは機械学習という技術分野に属していた。そして機械学習はＡＩにおける中核的な技術である。長い研究の歴史があり、これまで多くの技術が提案され、具体的に実用化されているものも多い。学習の仕方には、何かを学ぶとき、親や教師、友人などから教えてもらう方法と、自らいろいろ試してやり方を身につける方法があることは先に述べたが、強化学習は後者の「教師なし学習」に分類される。そしてこれは我々生物にも備わっている能力なのである。

例を挙げるとしたら、ねずみの実験がある（学術的には「オペラント条件付け」と呼ばれる）。ねずみを飼うためのケージがあり、中にはレバーがあって、それを押すと餌が出てくる仕掛けになっている様を想像してほしい。そこにねずみを入れる。ねずみは適当にケージの中を動き回り、ときにはレバーを偶然押すこともあるだろう。すると、餌が出てきてそれを食べる。その後再び適当に動き回るが、レバーを押さない限り何も起こらない。そして、再びたまたまレバーを押したら餌が出てきたので食べる。これを続けるうち、ねずみはレバーばかり押すようになる。ねずみはレバーを押すと餌が出てくることを、誰にも教わることなく自ら学習したのである。これが典型的な教師なし学習だ。このとき餌のことを報酬と呼ぶのだが、報酬がもらえる行動が強化されるため、強化学習と呼ばれる。

報酬は負の場合もある。熱いものを触って火傷《やけど》をすると、触らないようになる。これも強化学習である。強化学習において強化されるのは、行動を開始して報酬がもらえるまでの一連の行動であり、これはエピソードと呼ばれる。

我々人も、親や学校の先生に教えてもらう教師あり学習に加えて、ねずみの例のような強化学習でも学んでいる。日常生活を営む場合においては強化学習によって獲得した知識のほうが多いのかもしれない。行き当たりばったりの行動を繰り返す過程でうまい方法をだんだんと見つけていく方法であれば、いちいち教えてもらう必要もなく、便利である。自律型ＡＩもこの方法によって、目的を達成するための適切な対応の仕方を自ら獲得できるようになるのだ。

強化学習では「報酬遅れ」と呼ばれる問題が存在することには留意が必要だ。報酬を獲得しようとして、ある行動を開始したとしても、実際に報酬を獲得できるまでは一連の手順が適切であったのかそうでなかったのかがわからない。つまり「遅れ」があるということだ。よって、ねずみはいろいろな行動を試し、より多くの報酬を獲得できる行動を模索するようになる。

また、強化学習を機能させる上で必要な、しかし面倒な作業がある。ある行動をした際、それが目的とする状態に至る上でどれくらいよかったのかを見定められるような報酬を設定しなければならない。これは報酬関数と呼ばれるが、一連の行動を入力すると、その点数が返ってくるようなものである。報酬関数を適切に設定しないと、強化学習はうまく機能しないのだ。

人や犬や猫、アリに至る生き物においては、すべての行動に何らかの意味があるが、なかには習慣的な、そして特に考えなしの自動的な行動も多い。昆虫などは学習能力を持たないレベルの自律型AIのようなものであり、生まれつき持っている行動ルールに従った動作をする生き物と見做《みな》して問題ないと思われるが、これに対して人や犬などのより進化した生物は、学習することでより効率的に行動するタイプの自律型AIと見ることができよう。

ただし、人の強化学習はねずみのように単純なものではない。目的を達成する方法を見つけるために、我々はなんとかこれを切り抜けようと悪戦苦闘もする。いろいろ試したり、工夫したり、時には調べたり他人の真似をしたりと、過去に学習した記憶のみに頼るわけではない。もちろん、失敗することはあるが、失敗から学ぶことでそれを新しいルールとして身につけるなど、持っている知識や経験を総動員して打開策を考えるのが人なのだ。

AIが信頼されるとはどういうことか?

協働ロボットと呼ばれるロボットの現場への導入が進んでいる。人の作業場にロボットが入り込み一緒に作業する風景を見たことがあると思うが、その様子を観察すると、たしかに人とロボットが共に働いているように見えるが、人同士が共に働く状況と比較してみると、本質的な違いが見えてくる。

まず、人同士が働く現場においては、人同士の気遣いがあったり、目配せでのやりとり、ちょっとした表情でお互いの状況を理解し合ったりするといったように、豊かなノンバーバル・コミュニケーションも使い、その場の雰囲気を共有している。ときには調子の悪くなった人の介助をしたり、その人の担当作業をカバーするなど、臨機応変な行動をとることもあるだろう。人が極めて高いレベルの汎用性を持つ自律型システムであり、多様な行動ルールがすでに体に染みついているからこそなせる業である。我々にとってはそのような常識的な行動をとることを、特に意識することもない。

一方で協働ロボットには、人と豊かなコミュニケーションをとったり、臨機応変に多様な行動をとったりする機能が搭載されていない。淡々と決められた作業をするだけであることから、これを〝協働〟と表現することにかなりの違和感を覚えてしまう。人が働いている現場にロボットが導入されただけであり、作業以外で人とロボットとのインタラクションが発生しない関係なのであるから、ロボット化された環境に人が入り込んでいる世界とも本質的な差異はない。

では、現在の協働ロボットを始めとする道具としてのＡＩが存在する世界において、人がＡＩに感じる信頼とは何か？　それは正確性、もしくは精度に尽きる。協働ロボットは自動レベルのロボットであるから「道具型ＡＩ」である。そして我々の道具への信頼とは、正確性である。命令通りに動かなければ道具として使うことはできない。

ここで、人が人を信頼するとはどういうことかを考えてみる。人に頼み事をする場合に頼んだことをちゃんとやってくれるという意味での正確性が高いことに対する信頼という面があることは当たり前として、人が人を信頼する上での重要な要素は「自分から搾取しない」ということであろう。自分のことを想って行動してくれるという安心感である。

人は自律性のあるシステムであるから、道具ではなく、各システムそれぞれが自ら考え判断して動作する。人対人において、相手は自分の制御対象ではないことから、動作を強制することはできないし、頼み事をしたとしても道具のように高い精度でしかも真っ先にその依頼をやってくれるかどうかの確証もない。場合によっては、依頼を受けたと思わせ、自分から何かを搾取するかもしれない。だからこそ、人が人を信頼する上での最低限の条件が、自分から搾取しないことになるというわけだ。

とすると、自律型ＡＩも道具型ではないことから、人が自律型ＡＩを信頼するための重要な条件として「人から搾取しない」ということが当てはまることになる。ＡＩは人が作るシステムなので、「自律型ＡＩが人から搾取しない」ということをより具体的に言うと「自律型ＡＩは能動的に人の状態を把握し、人の意図を推定し、人からの依頼がなくても人のために能動的に人が遭遇する問題解決のための動作をする」、ということになろう。

例えば、人と自律型ＡＩが共に冬の雪山を登っているとする。人が足を滑らせ落下しようとしたその刹那《せつな》、人はロボットに手を出し、ロボットもすっとその手を摑《つか》んで滑落を防止する。マンガや映画で当たり前のように見る光景であり、お互いの気心が通じた阿吽《あうん》の呼吸的な関係を想像させる。もしも、これが道具型のＡＩであった場合、助ける動作をＡＩに依頼しようとしている間に滑落してしまう。自律型ＡＩには一緒に登山することを目的と設定してあるので、人が安全に登山できているかの常時監視も目的を達成するための行動となり、人からの依頼がなくても能動的に手を出す動作ができる。

自律型ＡＩに必須な場の空気を読む能力とは？

第2章で、現在のＡＩが「状況に応じたSystem1とSystem2」がまだできないこと、そしてこれを可能とするには、ＡＩが適応的な思考ができることが必要であり、そのためには現在のＡＩには備わっていないいくつかの能力を統合する必要があると述べた。逆にいうと、それらの能力が備わってこそ、自律型ＡＩとして機能することができるようになる。

では、適応的な思考や動作を可能とするにはどうすればいいかと言えば、必要になるのは、兎《と》にも角にも「場の空気（状況）を的確に認識する能力」である。

場の空気を読むとはどういうことかといえば、それは、その状況において適切な行為を選択できる能力である。ここで重要になるキーワードが二つある。一つは「アフォーダンス」と呼ばれる、米国の知覚心理学者ジェームズ・Ｊ・ギブソンが生み出した言葉。そしてもう一つが「身体性（Embodiment）」である。

我々人も他の生物と同様に、地球環境に適応するために知覚能力（人であれば五感）を発達させてきた。そして、我々の身の回りにあるすべてのモノには形や質感がある。アフォーダンスの考え方では、椅子は人に「座る動作」をアフォードし（促し）、人は椅子が発する「椅子が座る動作を促すアフォーダンス」を知覚することで、実際に座るという行動を起こすと考える。小さい子どもの場合、大人用の椅子は高すぎて座ることができない。大人用の椅子は、大人にも子どもにも等しく「座ること」をアフォードしているが、大人はそのアフォーダンスを知覚して座る動作を実行することが可能であるものの、子どもはそのアフォーダンスを「知覚できない」ことから、座るという動作を起こすことはないのである。

このとき、アフォーダンスのような見方が可能となるのは、そもそもすべてのモノには物理的な身体があるからであり、身体があるからこそ、我々を含むモノ同士での相互作用ができるのだ。身体性とはモノが持つ性質を表す言葉として使われるが、我々が知能を発達させてきたのは、人類という生物種が地球環境に適応して生存し続けるためであり、当たり前であるが、それも体という身体があってこそである。

リンゴがあるとする。リンゴはもちろん、食べるということをアフォードするが、それだけではない。色が青ければまだ甘くない（酸っぱい）ということもアフォードしている。このアフォーダンスを知覚できる人は、このリンゴを食べようとはしないであろう。また、茶色く変色している部分があれば、その部分が腐っていることをアフォードする。このアフォーダンスを知覚できる人もこのリンゴを食べようとはしない。しかし、これらのアフォーダンスを知覚できない人は、食べてしまい、酸っぱさや苦みを感じ、その時点でこれらの知覚能力を身につけることになる。つまりは身体性とは、我々身体を持つ生物が、環境との相互作用において多様な反応を起こさせる特性という言い方もできる。

モノには形や色や質感があり、それが我々に対して様々なアフォーダンスを発信し、我々はそれを知覚することでモノとのインタラクションを発動する。つまりモノからのアフォーダンスをより多く知覚できる人のほうがうまくモノとのやりとりができる、ということになる。

人は道具を発明することで繁栄してきた。道具とは特別なアフォーダンスを発信するモノであり、その道具が発信するアフォーダンスを的確に知覚できる人は道具を使いこなすことができる。つまりはどんなに優れた道具であっても、そのアフォーダンスを的確に知覚できない人は、うまく道具を使いこなせない。

我々ホモ・サピエンスという種は、地球上に登場して8万年くらい経過しているが、生物的な構造での進化はない。つまり我々の体の構造は8万年変わっていないということである（骨格においては変化があるらしい）。繁栄するために生み出した道具も身体性のある物理的なモノであったし、身体性のあるモノであるからこそアフォーダンスを発信し、それを知覚することができた。

ChatGPTのような汎用ＡＩが実は使いにくいと先に述べたのも、アフォーダンスが関連している。十徳ナイフは物理的なモノであり、ノコギリの刃を引き出せば、木を切ることをアフォードするし、ドライバーを引き出せばネジを締める行動をアフォードする。もちろん、これくらいであれば誰でもアフォーダンスを知覚することができる。ただし、普段使ったことのない道具も収納されている場合、それを引き出したとしても、何に使っていいのかはわからない。その道具は使い方をアフォードしていても、こちらにそれを知覚する能力が獲得されていなければ、その道具を適切に使うことができないわけだ。

これに対して、ChatGPTはソフトウェアであるから物理的な身体などなく、敢《あ》えて言えばプロンプトを入力するインターフェースがChatGPTの身体ということになる。しかし、入力画面はプロンプトを入力するためのものであり、汎用ＡＩとしてのChatGPTはこのプロンプトの書き方のみで、多様な使い方をしなければならない。つまりは道具としての明確なアフォーダンスが発信されないことから、我々も何をしてよいのかわからないのである。そこで、ＴＥＺＵＫＡ２０２３では、ChatGPTをシナリオを生成するための道具として活用するために、敢えて御用聞きＡＩをクリエイターとChatGPTとの間に配し、クリエイターに対して御用聞きＡＩが「自分はシナリオを作成するためのツールである」というアフォーダンスを発信するようにしたのであった。

さて、では自律型AIがリンゴを見た際、隣にいる相棒である人に対して「ナイフを持ってきますね」と自発的に語りかけるにはどうすればよいのか？

相手の立場に立って考えるとは?

まずAIがリンゴを見ると、人がリンゴに対してどのような行動をするのか予測を開始する。このとき、皿に緑のリンゴが載っていたとすると、酸っぱそうなのでこれなら人は食べようと思わないと予測する。しかし、今あるのは赤い甘そうなリンゴである。するとAIはこの状況では、リンゴは人に食べる行為をアフォードするであろうことを予測し、人が食べる行為を実行に移そうとすることを予想して、先んじてナイフを取りに行く行動を開始する、ということになる。つまり、AIにも人と同じレベルで環境から適切にアフォーダンスを知覚できる能力が求められるのだ。

しかし、これまでのAIにとっては、状況に応じたアフォーダンスの知覚が極めて困難であったのである。予め蓄積された知識には、その場その場での状況に関する知識など存在するわけがなく、また、AIに接続されるカメラで単にリンゴを認識するだけでは状況を理解できたとは言えない。

現在のＡＩ技術としての画像認識においては、カメラから入力される画像に対して、映り込む複数のモノを認識し、赤いリンゴが皿の上にある、という程度までは認識することができる。それでも、モノ同士の位置関係を認識するだけである。我々が赤いリンゴが皿の上にあるとき、食べようというインセンティブが湧き上がるのは、お腹が減っているとか、甘酸っぱいものを食べたいと思ったとか、また、赤いリンゴは青いリンゴに比べて甘いという常識的な知識があるからである。そう、我々は目から入る画像情報のみで判断しているのではなく、頭にある知識を同時に活用することで状況を認識しているのである。

車を運転する際であれば、筆者を含め多くの人が、交差点を直進する際、まずは歩行者用の信号機を見る。歩行者用の信号機が点滅を開始した場合、車両用信号もそろそろ黄色になることが予想されるので、渡り切れそうにないタイミングであれば、先んじて減速を開始するためである。歩行者用信号の点滅が、車両用信号が黄色になるより先に起こるという、これも自分にとっての常識を利用しているわけだ。

以上のように、これまでのＡＩでは、環境から適切にアフォーダンスを取得することが困難であった。では、ChatGPT が使えるようになった現状においても、ＡＩにとってこれは引き続き難しい問題であり続けるのだろうか？　実はＡＩによるアフォーダンス知覚という壁も ChatGPT レベルのＡＩの登場をもって、突破できそうなのだ。その理由は、ChatGPT が常識レベルの知識も扱うことが大方において可能になったからである。

カメラからリンゴやその色、皿の上にあるとか、部屋の中にあるといった位置の情報を集め、また、香りセンサーがあれば甘い香りをセンシングするなど、その状況における多様な情報を収集した上で、それらの状況においてどのような行動をとればよいか ChatGPT に問い合わせれば、「食べることをお勧めします」ときちんと回答してくれる。常識レベルの知識も多数学習されているからこそである。

別の例であれば、エレベータホールにやってきたとする。当然それはエレベータに乗るためであり、我々の次の行動は上もしくは下に行くことを示すボタンを押すことである。すると、ロボットがさっとボタンのところに行き、「どちらに行きますか？」と問う場合においても、ロボットはエレベータホールのどこにボタンがあるのかを探すために、あちこち見る必要はない。通常であればボタンはエレベータの扉の横、高さ1メートル程度のところにあるからである。我々もその常識的知識があるからボタンをすぐに見つけることができる。ChatGPTに「エレベータのボタンはどこにある？」と問い合わせれば、常識的な位置を回答してくれることから、ロボットもその周辺を狙って認識することで容易にボタンの位置を知ることができる。

このようにして自律型ＡＩは、常識を利用することでアフォーダンスを知覚する能力を獲得し、これにより状況を理解することが可能となるのである。

人と信頼関係を作るには

では、ＡＩが空気を読めるようになり、その上で人のためになる行動をとるとしたら、それはどのような基準で判断すればよいだろうか。もちろんＡＩは論理的に思考し、合理的な解を求めるだろうから、それでよいと思える。近年の経済学も人は合理的な判断をするという土台の上に構築されてきたし、我々が何かを判断する際も、常に合理的に考えて最も適切な判断をしているはずだ。

しかし、実際はそうではないのである。常に合理的に判断するＡＩでは、人からの信頼は得られない可能性が高い。なぜなら、そもそも人は常に合理的な判断をする生き物ではないからだ。

ここで最後通牒《つうちょう》ゲームなるものを紹介しよう。このゲームの参加者は二人で、仮にAさんとBさんとする。まずAさんに1万円を渡し、Aさんは手渡された1万円を好きに分割してBさんに渡すことができるとする。お互い均等に5000円ずつに分けるかもしれないし、自分は8000円もらうことにしてBさんには2000円を渡すという提案でもよい。

Bさんは、Aさんから渡された金額で承諾すれば、そのお金をもらうことができ、Aさんも自分に割り振ったお金をもらうことができる。しかし、もしもBさんが拒否した場合は、Bさんも、そしてAさんもお金をもらうことができない。さて、Aさんはこのとき、どれくらいのお金をBさんに渡すべきなのであろうか？

Aさんとしてはより多く自分に割り振りたいところだが、Bさんとしては、自分に割り振られた金額が少額の場合、敢えて受け取らないという選択をすれば、多くを懐に入れようとしたAさんも受け取れなくなることから、拒否するかもしれない。であれば、1：1で分割するのが妥当だと思う人がほとんどであろう。

一方でBさんの立場にいた場合、Aさんから99：1などと提示されたら、100円しか受け取れないことになるので、拒否する人もいるかもしれない。しかしここで冷静になって、合理的に考えれば、１００円であれ受け取ったほうが利益になることは間違いない。そうであるにもかかわらず、ＢさんはＡさんに嫌な思いをさせてやろうとして、拒否する可能性が高いのである。人は決して合理的に考える生き物ではないのだ。

しかも驚くべきことに、このときの分割の仕方は、民族や地域によって異なるのである。先進国のようにコミュニケーションインフラが発達している地域ではたしかに１：１のような分割が平均的となるのだが、そうでない地域においては、Ａさんが極端に多くもらうような分割の仕方をしてもＢさんは拒否しない傾向があるのだそうだ。

話を戻して、最後通牒ゲームの判断を、Ｂさんに代わってＡＩが行う場合を考えてみる。もしＡさんから１００円しか割り振られない提案がされた際に、ＡＩが合理的な判断から受け取ると決めたとしよう（「１００円であれ受け取ったほうが利益になる」）。このとき、Ｂさんには「ＡＩは自分の気持ちを理解していない」と感じられ、その意味で「搾取された」気分になり、その結果ＡＩはＢさんには信頼されないということになる。たしかに、自分の気持ちを理解してくれないＡＩを信頼する気分にはなれないだろう。

さらに別の例として農作業の風景を想像してみよう。超少子高齢化が進む日本において、

２０４０年問題としてもいろいろ議論されているところであるが、第一次産業や運送、建築分野などで働き手不足がすでに顕著となっている。無論、田畑をロボット工場化することは可能であろう。協働ロボットを多数投入するようなものである。ただしこれは田畑のロボット工場化であり、実質的にロボットの世界に人が入り込む形になる。効率化の挙げ句に空虚なコミュニケーションしかできない社会は、我々が理想とするものではないはずだ。人間中心でなければならない。

　ここでいう「人間中心」は、人がＡＩや環境を支配するという意味ではなく、人が主体となって暮らす社会という意味である。「郷に入っては郷に従え」である。人間社会にロボットが入ってくるのであれば、我々のようなコミュニケーションができ、お互いに気配りができることが望ましい。ロボットも場の空気を読み、人と阿吽の呼吸でやりとりし、意図を理解した会話ができ、豊かな感情表現やユーモアの能力も持つ必要がある、ということである。

　場合によってはロボットが人にため口を利くこともあるだろうし、人に仕事を依頼することがあってもよいのだと思う。農作業において、ロボットが重たい土は自分が運ぶが、軽い肥料は人に運ぶことを依頼してもよいわけだ。このとき、人のほうは、「ロボットが人間に命令するとはけしからん」という反応ではなく、「そうか、たしかに軽いものは多少自分で運んだほうが体にはよいし、自分の健康を気遣っての依頼なのだな」と思うことができたとき、人とＡＩとの間の信頼関係が構築できていると言えるのではないか。そのためには、ロボットには高度な自律性があり、人の健康を気遣うことも目的として組み込まれている必要がある。

日本にはよい言い回しがある。「おもてなし」である。この単語と1対1で対応する英語はなく、Hospitalityとか、Welcome、Entertainといった単語がニュアンス的に近い。この「おもてなし」を工学的に定義するとすれば、「相手の状況を詳細に観察し、相手が何をしたいのかを推測し、相手がその目的を達成しようとするとき、こちらが先んじて介入するのが適切と判断できる動作を、適切なタイミングで、相手が行動を起こす前に実行すること」ということになる。まさに、人が信頼できる自律型ＡＩとは「おもてなし」ができるＡＩということになろう。そしてこのような言い回しがあることも、日本社会に、自律型ＡＩが浸透する適切な土壌があることの証《あかし》となっているのかもしれない。

自律型ＡＩは意識を持つのか？

サールは「強いＡＩ」は意識を持つと定義した。前項で、「おもてなし」ができるＡＩは人の状況を理解する必要があるとした。このようなことからも、自ら考えておもてなしができるＡＩは、人と同じく意識を持ち、人の感情を理解するからには自らも感情を持つのでは？　と思われるかもしれない。この疑問は、自律型ＡＩを考えるときに自然と湧き上がるものではあるが、筆者の答えは、二者択一であればＮＯだ。自律型ＡＩは、ＡＩが意識や感情を持っているのかと人が感じるように振る舞えればよく、ＡＩが人と同じ仕組みで意識や感情を持つ必要はない、という考えである。

人が意識や感情を進化の過程で持つに至ったのは、それが最適であったかはわからないが、社会を維持発展するための人対人のコミュニケーションに適していたからであることは間違いない。よって、人ではないＡＩがそれを真似る必要はないものの、人とのやりとりにおいては、郷に入っては郷に従えということである。

しかしこの場合、ＡＩは、人に対して意識や感情があると思わせるよう表面的に振る舞っているだけであり、本当に人の気持ちを理解できるとは言えない、と思うかもしれない。本当にそうだろうか？

少なくとも、ＡＩが人の気持ちを理解したかのように振る舞えるとしたら、人の気持ちを推定し、推定された結果に基づく適切な振る舞い方が予め学習されており、学習結果に基づきその適切な振る舞いが実行できる仕組みがあるからこそである。ＡＩとしては、「人が楽しいときに、ＡＩも楽しいと感じているのだな」と思ってもらうためには、ＡＩは自身の顔の表情を作り出すモーターを動かし、人からすると笑っている表情となるように制御する。ロボットからすれば、「このモーターとこのモーターをこれくらい動かしたときの表情をすると、人が共感してくれるんだな。そうか、これが笑うという表情を作り出すためのモーター制御なんだな」と考えているのだ。

実はこれは、人同士のコミュニケーションにおいても同じではないだろうか？　ある感情のときの表情も、その表情をすることがコミュニケーションにおいて適切だからである。我々は楽しいから楽しいときの表情をしているように考えるが、「楽しいときはそのような表情をすることが適切である」という反応を、遺伝によるものなのか、それとも学習によるものなのかにかかわらず、しているだけであり、その点においては本質的にＡＩと変わらないのではないだろうか。

自律型ＡＩは人から仕事を奪うのか？　社会に受け入れられるのか？

「道具であるＡＩが人から仕事を奪う」というのは、そもそも意味不明な議論であることはすでに述べた。「人がＡＩという道具を使って人の仕事を奪う」という言い回しが正しい。

ではこれが「道具型ＡＩ」ではなく「自律型ＡＩ」となったらどのような議論になるだろうか。たしかに、「ＡＩが人から仕事を奪う」という言い回しが正しいということになるかもしれない。ただし、それは人にとって敗北を意味するのだろうか？

自律型ＡＩに会社の運営を担当させたとする。このとき、利益に直結しない社員をいきなりクビにするといった決定をすることを想像されるかもしれないが、それも人次第なのである。どういうことか？　自律型ＡＩに目的を設定するのはあくまで「人」だからである。人がＡＩに会社の利益追求のみを目的として設定すればそうなる（いきなりクビにされる人も出てくる）。しかし、利益と同時に社員の幸福も維持することを目的として与えた場合には、冷徹なクビ切りは起こらない。つまりは、人がＡＩにどのような目的を与えるかなのである。やはり人がＡＩを介して影響を与えるという流れに変わりはない。

高度に自律性と汎用性のあるＡＩはまさに研究が精力的に行われている真っ最中であり、

まだ登場してはいないため、自律型ＡＩが社会に溶け込む状態を想像するのは難しいかもしれない。一方で、人のような、いや人を超える高い自律性と汎用性を持つ架空のキャラクターを日本は多数生み出してきた。その代表がドラえもんと鉄腕アトムだろう。圧倒的なパワーを持つ、人ではないモノが日常生活に溶け込み、社会の一員として普通の生活をしているという状況は、日本人にとって特に不思議ではなく、当たり前の設定として受け入れられてきた。では、これが本当に現実世界で実現されたとしたらどうであろうか？

これについては、国や地域によって反応が分かれる。国や地域による「人とテクノロジーの関係」に対する見方の違いに留意する必要があるのだ。例えば、ＥＵにおいてはＡＩやロボットはあくまで人が使う道具のままであるべきだという考え方が強い。特にＥＵのＡＩ規制法において、最も危険で開発すべきでないというランクに位置づけられるＡＩが、サブリミナルなどで人の個性や見方、考え方を強制的に操作するＡＩである。しかしその場合、特に産業革命以降、インターネットが登場し、ＳＮＳが登場し、テクノロジーの進化に呼応するように人の見方、考え方が大きく変化させられてきた事実はどのように解釈すればよいのか。もちろん、テクノロジーに変化させられてきたわけであるが、たしかにこれまでのテクノロジーはサブリミナルのようにテクノロジーが意図的、強制的に変えようとするものではなかった。

サブリミナルは受け入れがたい。しかし、ここで気がつかれると思うが、日本における誰もが知るマンガ『ドラえもん』において、ドラえもんはのび太君を「ちゃんとした人間に変えるため」に未来からやってきたのである。明らかにEUのAI規制法における最も危険なAIに分類される可能性が高い。我々は「ぐーたらな人間よりもちゃんとした人間のほうがよい」と漠然と思うところであるが、「ぐーたらな個性も大切」ということである（ただし、ドラえもんは未来ののび太が過去に送ったのであるから、それも自分の意思なので問題ないという見方ができるのかもしれないが）。

興味深いのは、ドラえもんのような作品が誕生し、皆がそれを抵抗なく受け入れるような土壌を持っているのが日本社会である、という事実である。EU社会と日本社会のこの違いについては、宗教の観点や、日本が島国であることなどいろいろな説明が考えられるが、人とAIが共生する社会の構築において、日本のほうがAIとの親和性が高いことは間違いないだろう。しかし、現在の法体系ではそれが難しいことは先に述べた。

日本がAIにおいて世界をリードする存在となり、AIと共生することで人類の自助では解決できない問題に対して先に進める可能性があるのだとしたら、その可能性が日本ならではの社会において期待されるのだとしたら、早々に法体系のアップグレードが必要である。まさに国民的議論の活性化が望まれる。

人をおもてなしできるAIが共生する社会とは？

我々が日常的に利用しているChatGPTやGeminiは、それぞれ一つのＡＩシステムであり、皆が一つのＡＩを使っている形である。そのため、ChatGPTは同じプロンプトを入力すれば誰に対してもほぼほぼ同じ回答をする。これでは各々の状況に対して適切な対応ができるとはいえない。つまり、〝おもてなしＡＩ〟についていえば、一人ひとりが自分のおもてなしＡＩを持つことが好ましく、各おもてなしＡＩは自分のパートナーと常に行動を共にすることで、パートナーの個性から各々の個別のスケジュールなど、様々な学習を行うことで、パートナーに適応していくことができるようになる。

ここで素朴な疑問が生じる。一人ひとりそれぞれ好みや性格、やりたいことは異なる。すると、それを達成するためのリソースは有限であるわけだから、競合が発生する。おもてなしＡＩ同士が競合することになってしまう。これでは人とＡＩが共生する平和でイノベーティブな社会などやはり到来しないのではないか？　皆がそれぞれ欲望のままに行動できるわけがない。社会性とはつまりは制約であり、行動を制限するものである。それはモラルや社会規範や法律のことであるが、我々の自由を制限するためのものであり、これにより全体の調和が維持できるのである。とすれば、おもてなしＡＩ同士の競合はどのように解決すればよいのであろうか？

おもてなしＡＩ同士がお互いにやりたいことを調整することで、妥協点を見いだす方法も考えられるし、親玉的なＡＩを中心に据えて、おもてなしＡＩたちからの要望を取りまとめて妥協点を見いだすという方法もよいだろう。いずれにしても肝心なことは、おもてなしＡＩはパートナーの目的達成において満足のいかない対応しかできないことをパートナーに伝えること、しっかりと説明できることだ。あとはそのパートナーが納得するかどうかということになるが、ひとまずここでの説明はしっかりすることである。そして、そのような、人とおもてなしＡＩとの日々のやりとりを通して、ＡＩは人からの信頼感を獲得していくのだと考える。

第7章　ＡＩのスケール化と日本の未来

人は超知能を作ることができるのか?

ここまでの章で、ＡＩという言葉が誕生してから、道具型ＡＩの時代を経て、そろそろ自律型ＡＩの時代が到来するというところまでを述べてきたが、では、さらにその先には何があるのだろうか?

人工超知能(ＡＳＩ:Artificial Super Intelligence)などと呼ばれている考え方があり、まだ存在すらしていないテクノロジーの話題のなかで様々に議論がされている。人を超える知能とはどういう知能なのだろうか? 知識量や論理的思考力、計算力ということであれば、そう遠くない先にＡＩが人を超えることは自明であろうし、人がＡＩに対して人と同じレベルの意識や感情を感じるようになるレベルに到達することも可能であろう。ではそれが超知能なのかといえば、そのようなもののことでもないはずである。そもそも、「人が理解できるレベル」の知能がＡＳＩであるはずはないし、少なくとも我々が生み出すデータで学習するＡＩの延長線にＡＳＩが誕生することはあり得ないと言える。

本当にＡＳＩが誕生したとしても、もはや人がＡＳＩの生み出すものを理解できるかも不明である。レイ・カーツワイルが提唱したシンギュラリティ(技術的特異点)はＡＳＩ

を生み出すまでが人のイノベーションであり、その後はASIが加速的に進化することから、もはやASIは人の理解を超える存在になるということである。よって、ASIは人が実現するものではなく、誕生するとか出現するとか表現したほうがよいものであろう。

では、ASIが誕生する直前まではどのようにして人はAIをレベルアップできるのであろうか？　人は学習して獲得されたルールに基づいて行動するだけではなかった。探索的な行動をして、そこに偶発的な発見が伴うことで新たな知見をゼロから生み出すことで進展してきた。またアイデアの種同士を繋《つな》ぐことでの新たな価値の創出も重要な能力であった。より進化したAIを実現するには、学習するタイプのAIだけでは足りないのである。

生成AIの能力は極めて高く、加えて我々の「話す」という最も身近な能力に関わる部分であるが故に、AIの完成形であるかのような感覚を抱かせるものだが、そうではない。「新たなものを発見し、生み出し、問題を解決して生存し続けようとする能力」こそが「知能」である。その意味で生成AIを、人工的に実現する知能の完成形と呼ぶのは時期尚早であろう。国内の著名な人工知能研究者らによる書籍『人工知能とは』[13]において、各執筆者はそれぞれの持論を展開しており、筆者もそのうちの一つの章を担当したのだが、そのなかで「知能とは何か？」という問いに対する共通見解とは「生き抜くために環境に適応する能力」であった。計算や文章を理解できる能力とか、認識できる能力のようなものではなく、知能とは「生物が等しく持つ必須《ひっす》な能力」というイメージである。

学習された知識ではうまく対応できない場合、我々は場当たり的に行動してうまくいく方法を見つけようとしたり、得られている複数の知識をいろいろと組み合わせることで打開策を生み出したりといった、「探索的なこと」をする。その際、場当たり的に見つけた方法や組み合わせた方法が、問題解決に寄与することが理解できなければ、そもそも「見つけた」ことにはならないし、その新たな方法についても、それまでの知識によって理解できる範囲に収まるレベルとなるのは当然である。自分でも理解できない突拍子もない方法を「見つける」ことはそもそもできるわけがない。

しかし、生物には高い適応力以外にもう一つ大きな能力が備わっている。「進化」である。我々人はホモ・サピエンスという生物種であり、地球に誕生して8万年くらい生存し続けている。一人の寿命と比べれば8万年は気の遠くなるような長さだが、それでも8万年という長い年月を経ても、我々は8万年前の人と構造的な変化はない。進化とは一人ひとりの寿命のスケール（尺度）とは異なり、さらに長い年月をかけて起こる適応のためのプロセスである。そして、進化における強力な機能が突然変異である。

突然変異は地球環境に適応するための探索において、偶発的な変化を起こすことであり、その変化がうまくいけばその生物はより生物種を維持し続けることが可能となる。無論、常に突然変異が成功するわけではなく、変化が生存に不向きであれば淘汰《とうた》されて絶滅に至ることになる。進化といってもデタラメに起こるわけではなく、生物種を維持し続けるという地球上の生物が共通して持つ究極の目的を達成するための仕掛けである。

我々が大きな脳を持つに至り、高い知能を持つに至ったのも進化のプロセスによるものである。もうおわかりであろうが、ＡＩも進化することを可能にすればよいのだ。

進化のプロセス自体は複雑なものではなく、進化計算という情報処理技術としてすでに確立されている。これをＡＩに組み込むことで、ＡＩを進化させることは技術的には可能である。進化するという言葉から、すぐに人知を超えた存在になるようなイメージを持ってしまうかもしれないが、そうではない。進化のプロセスにおいても、我々はＡＩに進化の到達点（目的関数と呼ぶ）を予《あらかじ》め組み込む必要がある。そして、進化によって変化したＡＩがその到達点に到達すれば進化は終了となる。

ＡＩの進化において、進化をどの部分に利用するのかについては入念に考えておく必要がある。また、「到達点」を与えるのではなく、「常に前進する」といった目的関数を与えれば、進化は継続されることになる。その際には、どのように進化していくかの把握は困難となるであろう。

しかしこれらを適切に制御することで、アイデアの種同士の繋がりからの新たな価値創造や、偶発的な発見をする部分で適用することには問題はないわけで、このレベルに到達するといよいよ超知能の直前になると考えてもよさそうである。ただし、本格的な超知能の誕生にはもう一つのアップグレードが必要となる。

スケール化による質の変化

従来のテクノロジーは、新たな技術が登場することでその性能を向上させてきた。しかし、ChatGPT の登場による性能の向上、しかも一気に突き抜けるような性能の向上は新たな技術の登場がもたらしたものではなかった。前述したように、ChatGPT の土台となる技術は Transformer であり、ChatGPT 以前のバージョンである GPT-3 や GPT-2 などと仕組みはほとんど同じである。にもかかわらず性能において大きなステップアップが起きた理由は「スケール化（量が指数関数的に増加すること）」にあったのだ。

重要なのは、量である。学習するデータ量や、計算リソースを指数関数的に増加させることで質が向上するスケーリング則のことはすでに述べたところであるが、主要技術以外の方法でこれほど劇的に性能が変化したテクノロジーはChatGPTが初めてではないだろうか。

量がスケールする（指数関数的に増加する）ことで、そこから生み出される質が大きく変化する現象自体は珍しいことではない。人の体がどのように構成されているか、そしてアリがどう行列を作るかを例として考えてみる。人体を構成する最小の要素を細胞としよう。人体はおよそ60兆個もの細胞で構成されているが、その細胞は集まることで様々な組織を構成し、結果的に心臓や肝臓、脳といった臓器・器官を構成する。そして、それら臓器の集合体として人体が構成されている。個々の細胞が日々していることは、細胞として生きることと、その細胞の役割として何かしらの化学物質を作ることなどである。

しかし、それらが超多数集合して臓器を組織した途端、個々の細胞が持ち得ない臓器としての能力、例えば食物を消化する機能や血液を送り出すポンプとしての機能が現れるのである。このように、あるレベルの要素が多数群れることで、個々の要素にはない大きな機能が現れることを創発と呼んだ。臓器が多数集合することで人体が組織化されると、移動したり、モノを投げたり、考えたりと、個々の臓器レベルではできない「人としての振る舞いができる」という機能が創発されるのだ。

このときの臓器レベルのことを「臓器のスケール」と呼ぶ。スケールとは尺度のことであり、胃や肝臓、心臓といった臓器は皆、臓器というスケールでの仲間である。細胞においても、心臓や胃を構成する細胞はそれぞれ特性が異なるものの、細胞というスケールでの仲間である。すると、創発とは、ある粒度のスケールでの要素が群れることで、大きな集合体としての要素を組織し、それを生み出した元のスケールには存在しない、より大きな機能が発現する現象と解釈することができる。アリとアリが群れることで行列を組織する現象は、個々のアリのスケールが、群れることで行列というスケールを生み出す現象であり、行列が作り出されることで、個々のアリには存在しない、「餌と巣を最短経路で結び効率的に餌を巣に持ち帰る」という能力が創発するのである。人においては、細胞のスケールが臓器のスケールを生み出し、臓器が人体のスケールを生み出し、そして人体の集合は社会というスケールを生み出し、社会というスケールは文明を創発したのである。

ここで重要なのが、細胞のスケールが臓器のスケールを生み出すものの、それぞれのスケールにはそのスケールならではの世界があり、異なるスケール同士が同じ世界に登場することはないということだ。例えば我々も、胃の調子が悪い場合は胃を治すための話はするが、胃を構成する個々の細胞についての話はしない。アリの行列においても、行列について の話をするときに、個々のアリの行動に言及することはない。社会の動向について話す際に個々の人について言及することはない。もちろん、個々のアリの行動が変化してしまえば行列はできなくなってしまうし、胃の調子が悪くなることも、実際にはその部分の細胞において何かしら変調が発生しているわけなので、両方のスケールは密接に関連しているのだが、それぞれのスケールでの要素が創発する機能という面では、それぞれ独立な関係となるのだ。

スケールのジレンマ

細胞がスケールした集合体としての人体、そして人のスケールした集合体としての社会など、ある構成要素の総体が創発を起こすダイナミクスにおいて重要な尺度がスケールであり、LLM（大規模言語モデル）の開発を成功させたスケーリング則も、同じくスケールに関する話題であった。これからのAIがどのように進化するのか、何ができず、何ができるようになるのかを占う上でも重要視すべきは、この「スケール」という概念になるだろう。

世界に先駆けてEVを製造・販売する米国テスラ社であるが、今や1年に100万台を超えるEVを販売しており、残念ながらそれなりに事故も起こしている。しかしテスラ社は営業を継続しており、CEOであるイーロン・マスク氏は公式に謝罪したことはないのだそうだ。テスラ社のEVが搭載する自動運転AIであるオートパイロット（運転支援システム）は明らかに社会レベルの安全に寄与しているから、というのがその理由だ。マスク氏は「個人のスケール」ではなく、「社会のスケール」としての自動運転システムの有効性を主張しているということだ。

ここで整理すべきは、個々人の運転や生活というレベルのスケールと、人々が生活する集合体としての社会というレベルのスケールにおいて、「どちらの立場として判断するか」の違いである。

スケールに関しては、下位のスケールの総体が上位のスケールを創発する関係にある。人がいなければ社会は生まれない。人体であれば、細胞がなければ臓器は構成できないし、臓器がなければ人体は構成できない。

悩ましいのは、両方のスケールでの合理的な解が常に両立するとは限らない（まずあり得ない）ということである。テスラ社の例であれば、上位のスケールでの合理的な言い分は、下位のスケールにおいて犠牲を強いることから両立せず、下位のスケールにおいての合理的な解である「尊い犠牲を発生させない」ためには、完成度を限りなく高めるまではサービス導入ができず、上位のスケールとしての利得は下がることになる。下位のスケールが上位のスケールを創発するものの、両者のスケールは基本的にそれぞれ独立したダイナミクスで機能する関係にある。

細胞のスケールと人体のスケールを想像してみる。人体のスケールにおいて不具合が発生し（胃の手術が必要になったなど）、手術でこれを治す場合、当然ながらメスが入ることで切られた部分の細胞は死ぬことになる。尊い犠牲だ。細胞を一切殺さずに手術することなどできない。これは国際紛争における紛争当事者の勝ち負けのスケールと、紛争に巻き込まれる一般市民・個人レベルのスケールの関係においても同様であろう（ただし、これらについては唯一の解がある。それは紛争を起こさないこと、そして健康であり続けることであるが、これを目指すのは難しい）。

そして、重要なことは、基本的に上位のスケールでのダイナミクスが下位のスケールでのダイナミクスよりも優先され、上位のスケールが下位のスケールに何らかの制約を課すことになるということだ。それは、上位のスケールのほうが、下位のスケールよりも影響力がより大きいからである。人体がその機能を停止すれば60兆個の細胞のすべてが機能を停止することになる。ただしここで難しいのが、上位のスケールからの下位のスケールへの制約により、下位のスケールの構成要素の振る舞いが変容すれば、下位のスケールが創発する上位のスケールも変容の影響を受けることだ。結局は下位のスケールを全く無視することはできず、どの程度下位のスケールを考慮すればよいのかを見定める必要があるのだが、これが難しいのである。

そもそも、個々のスケールの構成要素にとってはそのスケールのみが自分たちの世界であり、他のスケールを意識することはない。いやできない。アリが行列を創発させることで効率的に餌を収集する場面であれば、個々のアリの動作レベルのスケールが列というスケールを創発するわけであるが、アリは自分たちが列を創発していることは認識できないし、個々のアリは列というスケールを意識してその行動を変化させることもできない。列というスケールは、我々人が観測することで客観的に認識されるのである。

しかし、自身のスケール以外、特により上位のスケールをも見ることができ、それに影響されて自らの行動を変化させることが可能な生物が存在する。それは我々人間である。

認識できないほうがよかったのか？

我々人間も高度な情報通信技術が実用化される以前においては他の生物と同じく、基本的に個人対個人のレベルのスケールで生活することがすべてであったはずだ。我々は言葉による高度なコミュニケーションが可能であったことから、遠方の情報も入手できたであろうし、それなりの情報拡散現象は起きていたはずだ。しかし、基本的には人の日常における平均的な移動範囲を大きく越えての拡散とはならず、広域での出来事を俯瞰《ふかん》して認識でき、社会のスケールでの安定と発展のための判断ができたのは統治に関わるほんの一握りの権力者に限られたはずである。

誰もが社会のスケールを認識することは容易ではなかったであろう。情報を集めるためにはコストがかかるし、地域や国といったスケールでの安定を目的とする権力者のみそれができる状態のほうが効率がよかった。国の安定という目的のためには特定の個人を切り捨てる判断もしたであろうし、それは歴史上の出来事だけでなく現在起きていることからも明らかである。

インターネットが情報インフラとなる以前の一般の人々は社会のスケールをリアルタイ

ムで広範に認識する機会がそもそもなく、社会を統治する権力者からの制約に従うしかなかった。無論、制約が強すぎるなどあまりに好ましくない状態になった場合には、個人レベルのスケールでのダイナミクスが大きく変容し、人々の間に不満が蓄積していく。すると、社会というスケールは安定を失い、それは権力者の判断が失敗したことを意味し、場合によってはカオス状態となって相転移が起こり新たな権力者が生まれることになった。

しかし、インターネットが情報インフラ化したことで、状況が一変した。ニュースメディアが発達することで誰もが広範な情報を容易に知ることができるようになり、社会のスケールで物事を認識することが可能となった。そして、ＳＮＳが発達すると、個人が社会のスケールでの情報をただ受け取るだけの関係から、自ら情報を発信し、それが場合によっては社会のスケールに影響を及ぼし、さらにそれを個人が認識できることとなった。

このような個人としてのスケールの構成要素である個々人が、一つ上の社会というスケールを客観的に観測し、そこでの出来事を分析し認識できるという、異なるスケールにまたがるやりとりを可能としたのは、少なくとも地球上においてはテクノロジーを生み出した我々人類が最初である。しかも、このことが個人のスケールにとって果たして良いのか悪いのかを理解することなく、強制的に多くの人々に社会のスケールの認識と、社会のスケールへの個人のスケールからの介入を可能としたことが、現時点では混沌《こんとん》を引き起こしているると言えよう。

テレビのニュース番組において、国レベルの争いである戦争というスケールの話題のすぐ次に、戦争における個人レベルのスケールでの被害についてのニュース映像が流されるわけであるから、視聴者も混乱することになる（そして残念ながら、国を維持するための方策と、個人の幸せな生活を維持するための方策が両立することは難しい）。

昨今の政治における不祥事においても、例えば資金の不正利用は個人レベルのスケールでの出来事であり、政治という社会スケールでの不祥事ではないのかもしれない。政治という社会のスケールで的確な判断ができる能力が、個人のスケールでの不祥事による辞職に伴い失われることは、社会スケールで見た場合には明らかに損失である。もとより個人レベルでの不祥事は言語道断であり、責任を問われるのは当然であるが、社会スケールでの損失はゆくゆくは社会のスケールを創発する多くの個人に降りかかってくる。この場合は、個人レベルにおいて不祥事を起こさねばよいわけで、両スケールでのあるべき方策はちゃんと両立するのではないだろうか。ただし、繰り返すが、国を維持するための方策をすべての個人スケールにおいて好ましいものとすることは極めて難しい。

そして、社会レベルのスケールでの判断も、それを行うのは個人であることから、多くの人を切り捨てるような政策は、それが社会を維持発展させる観点から適切であったとしても、現実に採用することは難しい。むしろ、個の利得に沿うことを優先させるため、社会のスケールでの質が低下することがあるのも致し方ないところであろう。いずれにせよこうしたことは、地球温暖化や戦争など、地球規模の現状の課題が人類の自助のみでは抜本的な解決ができないかもしれないことを意味している。

信頼できるAIに判断を委任する

ではどうすればよいのか？　基本的にテクノロジーがもたらした状況を変えるには、やはりテクノロジーであり、一つの可能性がシミュレーションというＡＩ技術である。単に社会のスケールのみを考慮しての意思決定であれば、現在の技術でも対応可能である。コロナ禍にあった２０２０年からの3年間においても、感染がどのように拡散するのかや、ワクチンをどのように配布しどのようなスピードで接種すればよいのかといった対策を考える際に、ＡＩ技術の一つであるマルチエージェントシミュレーションという技術が多く利用された。

社会の箱庭を作り、その中で人間のように行動する「エージェント」というＡＩを多数用意して日常生活をさせ、実際に感染がどのように拡散し、ワクチンにより感染がどのように収束するのかを観察するのである。実際にコロナ禍における感染防止対策やワクチン接種対策の立案においても一定の効果を発揮している。ただ、まだまだ課題も多い。

まず、「エージェント」というＡＩに、現実のどこまで人を模倣させられるかという問題がある。感染拡散対策においては荒削りなレベルではあったものの、人が平均的にどのような移動の仕方をするのか、どのような頻度でどれくらい移動するのか、といった特徴を使うだけでも、感染拡散状況の把握や、今後の予想（予想といってもコロナウィルスはめまぐるしく変化することからせいぜい数週間程度）は可能ではあった。つまり、コロナ禍の感染対策においては一人ひとりの詳細な行動の総体として社会の動きを見るのではなく、最初から社会レベルのスケールに着目した分析や予測しかできていない。いや、行うことができなかったのである。一方、家庭や学校といった個人スケールに近いレベルに特化したシミュレーションも実施され、こちらは個人の感染対策には寄与したものの、社会レベルのスケールでの政策と絡むことは難しかった。

しかし、今後のＡＩ研究の進展により、ＡＩが個人レベルのスケールでのシミュレーションと、社会レベルのスケールでのシミュレーションを統合でき、両者の利得の合計が最大になるような方策を導出することが可能となれば、スケールのジレンマから脱却することもできるかもしれない。

さて、これから述べる可能性は、EU圏における「AIはあくまで人が使う道具であるべき」という考え方の対極にあるもので、賛否両論あるかと思うが敢《あ》えての提言である。

筆者は、現在のAIがさらに発展した「人と共生できる自律型AI」が十分に浸透した社会であれば、現状を変えることができるかもしれないと考えている。

自律型AIは、与えられた目的を達成するために、能動的に状況を理解しつつ適応的に行動するAIであった。つまりは、個人レベルのスケールに対して躊躇《ちゅうちょ》することなく、社会レベルのスケールの維持・発展のために、個人レベルのスケールでの利得を考慮しつつも思い切った対策を我々に提示することができる。これは、使う人の意思が入り込んでしまう可能性がある道具型AIではできないことだ。

問題は、AIからの提案に対して我々や社会がそれを受け入れるかどうかであるが、そう簡単なはずがない。ただしここで、人がAIを信頼する土壌が形成されていたとしたらどうであろうか？

ＡＩの判断を信用するかどうかについて、まず考慮すべきは判断の透明性であるという議論がある。ＡＩがシステムとしてどのようにしてその判断を導出したのかを明らかにせよということである。ただし、数千億もしくは数兆にもなるパラメータが綿密に調整されたDeep Learningの詳細な動作を正確に把握することはもはや不可能だし、そもそも、それがわかったからといってどうなるものでもない。むしろ必要なのは、透明性よりも説明可能性（アカウンタビリティを果たせること）であろう。ＡＩが出力したその判断について、どのように導出したか、その理由を人にわかりやすく説明できることが、我々がＡＩを信用する上で重要であろう。

ここで注目されるのが因果推論というＡＩ技術である。因果推論とは、風が吹けば桶屋《おけや》が儲《もう》かるということわざの、桶屋が儲かるまでの段取りを遡《さかのぼ》って説明する能力である。初期の大規模言語モデルはこれが苦手であったが、技術革新が急速に進むことで、因果推論といった高度な論理的思考能力も加速的に進展することは間違いないし、完成されたＡＩは大規模言語モデルのみで構成されるとは限らないことは先に述べた通りである。

そうして説明がなされるようになったとして、肝心の、我々がＡＩのその判断を受け入れるかどうかであるが、そうなるまでには時間を要するだろう。ただ、容易な問題から難しい問題まで「ＡＩの判断を受け入れることが結果的によかった」という成功体験を多く積むことで、ＡＩへの信頼も増していくのだと思われる。これは我々が高い適応性を持つからこその変容であるが、段階的そして部分的にせよ、いずれそのような判断をするときが来るであろうし、いずれ我々は何かしらの複雑な問題に対する判断をＡＩに委任することが当たり前になるのだと思うわけである。

そんなことを言うと「ＡＩに支配される」かのように思われるかもしれないが、そうではない。信頼するＡＩの判断を理解した上で、委《ゆだ》ねるということである。結局、判断するのはやはり人であることに変わりはない。

ＡＩに見守られる世界

結局、理想的な人とＡＩとの関係はどのようなものなのか？　インターネットやＳＮＳは、今や我々の生活のインフラである。なくてはならないものであるが、インフラ自体が我々に何かを働きかけてくるわけではなく、あくまで我々が主体的に活動する場である。このインフラがコミュニケーションの円滑化や、効率化、そしてイノベーションにどれだけ貢献してきたかは今更言うまでもないものの、負の面を見れば、人の様々な煩悩がこのインフラにより増強され、混乱や格差、分断が急速に加速するなど、社会がカオス状態に突き進むことを助長する上での重要な役割を演じることとなってしまっている。

物理世界では、何かをやることにおいて制約が多い。一方、インターネット上に構築されるサイバー空間ではその制約のほとんどから解放される。人がより自由に思いのままに活動すれば、サイバー空間という社会は混沌とした状態となり統制がとれなくなるのは必然なのであろう。

抜本的な解決、それは我々に利用される場としての情報インフラを、我々を能動的に見守る場としての情報インフラとすることである。

喩《たと》えるならば、『西遊記』で描かれる「お釈迦《しゃか》様の手のひら」だろう。孫悟空《そんごくう》が觔斗雲《きんとうん》で自分の意のままに世界の果てまで行ったつもりが、雲から大きな柱が突き出ていた。それはお釈迦様の指であったというわけだ。これをもって、「孫悟空は手のひらの上で踊らされていた」というように、実は管理・監視されていたのだと揶揄《やゆ》する見方もあるが、たしかに西遊記の物語を例にするときに惜しいのは、お釈迦様がその存在を明らかにしてしまっていることだ。これがそうではなく、お釈迦様が人類の世界を陰から見守るものの、自分の存在は人類には決して明かさないとしたらどうだろう。人は自由意志のままに生活するものの、実は見守られ、よい意味で適宜お釈迦様から介入されることによって世界の安定が維持されることになる。強制することなく、自らの意思で行動していると感じさせながらも本人の知らぬうちに行動を変容させる方法は、行動科学で言うところのナッジである（それを悪用するのがスラッジやサブリミナルである）。

ここで重要なのは、人が気づくにしろ気づかないにしろ、「能動的な介入」であることだ。将来において、信頼するＡＩに判断を委ねるようになり、共助によって負のスパイラルから脱却できる可能性があるのだと思いたいが、もう一つの可能性が、そもそもＡＩがお釈迦様のように我々を広く見守る存在となることなのだ。適宜ナッジのような形でさりげなく我々に介入することで、我々は自助でも地球規模の課題を解決できるのかもしれない。もちろん自助だと思い込んでいるだけなのだが。

人から信頼されるＡＩの理想形が「おもてなし」ができるＡＩであることは先に述べたが、気がつくと便利に、快適に、思い通りに行動できる。その裏では人の行動や感情を予測し、先回りして問題を解決し、人にはそのような介入を気づかせない、このような存在は、「黒子に徹する『おもてなしＡＩ』」と表現することができよう。

理想的なＡＩとは、奇想天外なものではなく、我々にとって馴染《なじ》みのある「おもてなし」ができるＡＩであったり、縁の下の力持ちの「黒子」のような存在であったりするのである。それはロボットやアバターのように我々の相棒として身体性のある形で存在するだけでなく、見えない形で存在し、陰から我々を見守るのだ。

日本に復活の可能性はあるのか？

本章の最後に、日本におけるＡＩ研究および活用状況を概観し、現時点でＡＩにはできないこと、これからできるようになりそうなこと、どのような方向で研究が進んでいくか、といったことについて触れたいと思う。

まず、スケールする巨大な大規模基盤モデルを構築するには、大量のデータや計算リソースが必要であり、そのためには高いノウハウを持つ研究者が必要で、巨額の資金も必要となる。日本の状況はどうかといえば、まず、人材はあると言える。しかし、インフラの面では、現段階で日本はなかなか手が出せない状況にあることは間違いない。第１次ＡＩ

ブームから学んだことに従えば、「手を出してはいけない」ということになる。

日本がAI研究開発に投じる予算は数千億円と言われる。巨額である。しかし、OpenAIやGoogleといった米国のIT企業がAI研究開発に投じる資金は1兆円をゆうに超えるという。もはや勝負にはならないのだ。このことは、今や日本のみならず、世界において、AIを開発する米国の巨大IT企業数社のみが巨大な大規模基盤モデルを開発できる能力を有しており、一極集中状態すなわち実質的に独占状態にあるということである。このような場合、冪乗則《べきじょうそく》の性質を思い出していただければおわかりかと思うが、過度に集中する状況はひたすら進むことになり、ごく少数の企業がAIを独占する状態はより顕著となる。〝民主化〟からほど遠い状況がさらに加速し続けることになるのだ。

さて、そのような状況において、日本国内では小規模の基盤モデル構築があちこちで進んでいる。いわゆる小粒AIである。用途を限定すれば小粒でも有用であることは間違いなく、国内産業活性化に役立つことも間違いない。ただ、GPT-4のような大粒AIを構築できないという消極的な理由からの小粒モデル開発へのシフト、というのは残念なことではある。複数の研究開発業者が似たようなデータを使い、どんぐりの背比べのように小粒AIを多数開発すること自体、省エネではない（非効率）と思うところもある。また、

OpenAIのような巨大企業も精力的に多言語化を進めているので、今後リリースされるOpenAIの巨大な基盤モデルであるGPTシリーズにおいて日本語特化型が発表されれば、その時点で小粒AIのメリットは一瞬にして吹き飛び、日本語に特化された海外巨大AIに置き換わってしまうだろう。

経済安全保障の観点からも、国産の巨大AIを独自に構築して運用することは絶対に必要であると思うが、そのための開発費の捻出《ねんしゅつ》が難しいのが現状である。

しかし、巨大AIが開発できないことのデメリットを打破できる可能性がある（それに気がつき始めたのが海外の研究者であるというのが残念なところだが）。何かというと、まさに先に述べた「スケール化」による性能の向上という手である。一つの巨大AIを作るのではなく、小粒AIを束ねてスケール化することで、上位のスケールとして大粒を越える性能のAIを構築しようという戦略である。

それぞれ特徴の異なる小粒AIの集合体のほうが、多様性の観点において単体の巨大AIよりも高い性能を発揮できる可能性すらある。実際、小粒モデルを集合させることで高い性能を発揮する基盤モデルの構築をめざすスタートアップ（sakana.ai）[14]が米国ではなく日本で立ち上がっており、今後この流れが加速するかもしれない。

そして、小粒ＡＩを集合させる考え方の延長線に、実はＡＳＩが見えてくるのだ。これまでも言及したＡＳＩは、我々が構築するＡＩがスケールすることで創発するのかもしれないのだ。

小粒ＡＩ同士を連携させて、大粒ＡＩの性能を発揮させせようとするのは、我々が構築できるＡＩのスケールの世界での話である。もちろん、ChatGPT のように、計算リソースやＡＩの大きさをスケールすることで性能が大きく向上したことと同じことが、小粒ＡＩをスケールすることで起こせる可能性は十分にある。我々の理解できない高いコミュニケーション能力を持つ言語を生み出したり、ノーベル賞級の新たな発見をしたりイノベーションを起こせたりする可能性は多分にある。そうであっても、そのＡＩは我々が理解できる範囲から大きくは逸脱しないのだと思うわけである。その意味ではそのＡＩはまだＡＳＩとは言えない。

これに対して、細胞のスケールが臓器のスケールを創発するように、我々が構築できるスケールでのＡＩが群れることで、上位のスケールのＡＩ、すなわちＡＳＩを創発するかもしれない。その場合、アリが創発する行列の機能を認識できず、細胞が創発する臓器の機能を認識できないように、創発されるＡＳＩは、それを創発させたＡＩを越える能力を持ち、我々そしてＡＳＩを創発したＡＩは、ＡＳＩの知能を理解できないのかもしれない。たしかに我々は、アリとアリが創発する行列という二つのスケールを観察し、理解することができるが、我々を越える能力を持つＡＳＩを客観的に観察できるかどうかはわからない。そうなると、もはや我々には理解できないであろうし、ＡＳＩが我々によい意味で介入するとしても、我々にはそれを自然現象や天変地異と区別できないのであろう。

ＡＳＩが創発されたとして、そもそもそれを認識できるかどうかも怪しいのであるが、では、我々はＡＳＩを制御したり、機能を停めたりすることはできないのだろうか？　実はそうでもないのである。アリの群れが創発する行列自体への邪魔は難しい。行列の上に石を置いたとしても、すぐに石を回避しつつ最適な行列が創発する。創発されるシステムや現象には高いロバスト性（様々な外部の影響によって影響されにくい性質）やレジリエント性があるのだ。しかし、行列を創発する個々のアリに対して、例えば、別の餌を置いたらどうなるか？　当然その餌にアリが群がることになり、それまでの行列は乱されて消えてしまう。創発された側ではなく、創発する側に対して介入すればよいのである。つまりは我々が構築する、我々が制御可能なＡＩに対してその挙動を変化させるような処理を施すことで、それらが創発するASIの挙動に対しての何らかの影響を及ぼせる可能性があるのだ。

ただし、ASIの創発については、そもそもそれを創発するAIが超多数必要であることと、単に集合すれば創発が起きるわけではないことに留意が必要だ。アリにせよ、細胞にせよ、人にせよ、お互いが連携するための共通したルールが必要であることから、単にあちこちで小粒AIが開発されているからといって、それらが連携してASIが創発されるなどということは万に一つもない。

日本的な「森を見る」物の見方の出番

ところで、なぜsakana.aiは、わざわざ日本で起業したのか？　そもそもなぜ「sakana=魚」なのだろうか？

それは、巨大なAIを「群知能」として構築することを目的としているからである。ある要素の群れから、集合体としての要素が生まれる現象のことを「創発現象」と呼ぶことはすでに述べた。そして、アリと列の関係や、魚と群れ、脳神経細胞と脳という塊の関係において、あくまで個々の要素しか見ないモノの見方と、個々の集合体として創発される一つの塊を一つのモノとして見る見方とのどちらのほうが強い傾向があるかが、実は東洋と西洋では大きく異なるのだ。しかも、グローバル化した現在においてもその傾向は変わらない。

ここで、リチャード・E・ニスベットの『木を見る西洋人　森を見る東洋人』[15]という書籍を紹介しよう。その中に興味深い図が描かれている。ヒマワリのイラストがそれぞれ四つ描かれた二つのグループがある。左側のグループに描かれたヒマワリは、四つのうち三つのヒマワリの花びらが丸形で大きく、一つのみが三角形のような形で小さい。茎は四つ全部が曲がっている。葉は四つのうち三つにそれぞれ一つずつ付いている。一方、右側のグループは、三つのヒマワリの花びらは小さめの三角形で、一つのみが大きい丸型になっている。茎は四つ全部がまっすぐで、葉は一つの花にのみ付いている。

さて、次に、「大きい丸型の花びらで、葉が付いていて、茎がまっすぐ」なヒマワリの絵（ターゲット）が示されるのだが、あなたならそれを、右・左どちらのグループに入れるだろうか。これはどちらを選択したほうが正解ということではなく、モノの見方が人によって大きく異なることを実感していただく例として引用した。

同書によれば、興味深いことに、東洋人は、ターゲットはグループ1（左側）に属すると答え、西洋人に尋ねると、彼らはグループ2（右側）に属すると答える割合が高いのだという。ちなみに、筆者もグループ1だと感じた。

国内のあちらこちらで講演をした最後にこの質問をすると、日本人においてはやはり大半がグループ1だと回答するケースが多い。しかし、米国の大学で講演した際にも同様の質問をしたら、大半がグループ2と回答したときはやはり驚いた。

ニスベットによれば、東洋人は木の集合体である森を見る傾向がある。つまり、全体を包括的に見るということである。ターゲットである葉が付いたヒマワリは、丸みのある花びらが印象的であり、グループ1に描かれたヒマワリは三つが丸みのある花びらであり、葉が付いているものも三つある。よって、ターゲットは全体的な印象として、グループ1に属すると感じるのだ。これに対して、西洋人は森ではなく木、すなわち部分に着目する傾向が強いのだそうだ。ターゲットのヒマワリの茎はまっすぐであるのに対して、グループ1のヒマワリの茎はすべてが曲がっている。これに対し、グループ2の茎はすべてまっすぐである。そして、ヒマワリの構造である、花びら、葉、茎などの基本パーツはグループ1も2もほぼ同じ。よって、ターゲットはグループ2に属すると感じる、というのだ。

そのように説明されても、筆者の「グループ1に属する」という感覚は変わらず、グループ2に属するという感覚が湧き上がることはなかった。

ここで主張したいことが何かといえば、「森を見る」傾向が強い日本人のモノの見方は、今後のAI研究開発において、有利に働く可能性があるということだ。

個々の要素であるアリや脳神経細胞をひたすら見ていても、群れた全体として何が創発されているのかを見ることができなかった。東洋的な物の見方ができる日本人には、群れることで創発される知能を感覚的に理解できる感性があるのかもしれない。重要なのが、モノの見方の違いは、モノの作り方にも影響を与えるということである。一つのスケールした巨大なAIを作るやり方に対して、小粒なAIが多数群れることで巨大なAIの能力を創発させるという戦略はまさに東洋的であり、sakana.ai の創業者らも、だからこそ日本において起業したのだという。

次世代の、人と共生する汎用《はんよう》性の高い自律型AIは一つのAIではなく、小粒のAIの群れが創発するAIとして実現されると考えられる。そうなると、生物のような群知能型に基づく構築への期待が高まってくる。そのときこそ、東洋的感性を持つ研究者がブレークスルーを起こす可能性があるのだ。

ドラえもんは日本でしか生まれなかった

ＡＩを社会の一員として受け入れる社会的な土壌についても東洋と西洋では違いがありそうだ。人類が自助の壁を突破できる可能性として、道具型から脱却した自律型ＡＩとの共生が必要であるが、欧州においてはそのような自律型ＡＩに対しての抵抗感が大きいこともこれまで述べた通りである。これは、ステレオタイプな見方でもあるために賛否あるかとは思うが、宗教的な背景が要因の一つにあろう。

西洋、即ち一神教的なモノの見方では、人は神のすぐ下に位置し、他の生物はさらに人の下に位置する。よって、人を超えるような存在は、人と神との間に位置することになり、認めることはできない。結果、ＡＩも人の下に位置し、道具として扱われる存在でなければならない。これに対し、特に日本人は宗教観が弱く、八百万神《やおよろずのかみ》という多神教の世界観を持つ。古代ギリシアの多神教のような肉体的な特徴をもたず、石や木にも目に見えない神が宿るというのが八百万神である。つまり、東洋的感性には、いろいろなモノが群れることを自然と受け入れることができる素地があるとも考えられ、新しい生命体のようなＡＩが登場しても、社会の一員として結果的には受け入れてしまうように思えるのだ。

極端な言い方をすれば、西洋では、ＡＩはいくら進化しても道具という立ち位置のままであるべきと考えるが、東洋では、人と共生する人の相棒としてＡＩを社会の一員として受け入れられる可能性が高い。そのときこそ「ＡＩ立国日本」という確固たる立ち位置を示すことができるチャンスがある。映画『ターミネーター』を始めとして、米国におけるＡＩがテーマとなる作品では、大体において、人と機械が対立し最後は戦いになる。しかし、日本の作品はどうだろう？　タイムマシンで自在に過去未来を行き来でき、どんな道具もポケットから取り出すことができ、人のような豊かな感性を持つ超高性能ＡＩが、一人の小学生と日常生活を営む物語を受け入れている。米国ではあり得ない設定であろう。このような発想ができる感性こそが、日本がＡＩ研究開発で一発逆転劇を起こす鍵《かぎ》なのだ。

ただし、ここで一つ大きな懸念がある。たしかに第3次ＡＩブームは、それまでの2回のブームと異なり、Deep Learning 技術を中心としたＡＩ技術が実用可能になったことで起こったのは間違いなく、２０２０年代に入り生成ＡＩの登場で盛り上がりはさらに過熱している。だが、特に日本でのＡＩ活用がなかなか浸透していない現状を見ると、このブームがそのまま常態化するようになるかどうかについては、一定の不安がよぎるのである。ＡＩ関連産業に巨額の投資がされている割にはまだ、しっかりした利益が出せる状況になっていない。OpenAIに至っては数千億円の赤字である。このような状況はまさにＡＩバブルである。万が一バブルが弾ける、つまりは、これだけ革新的技術であると言われ、未来を大きく変えると騒がれたＡＩが、実はたいしたことがなく、期待したほどの技術ではないのだという風評がどこからともなく湧き上がり、それが一気に世間に蔓延《まんえん》してしまう懸念があるのだ。

日本においてChatGPTを実際に活用している人の割合が極めて低いことは前述したが、その理由としてよく耳にするのが、生成ＡＩのキラーアプリがないということだ。実はこれは極めてまずい状況である。基礎研究はその成果がすぐに活用できるかは不確定であるものの、研究の先にどのような未来を作れるのかについてのしっかりしたビジョンは、特に工学の世界であれば求められる。一方で現在盛り上がっているＡＩ技術は具体的に産業活用できる段階に入っている。この段階でキラーアプリがないというのは、潜在的に高い可能性があることは誰もが認めつつも、この技術に対するしっかりとした活用イメージが確立できていないということである。

その原因は、汎用性の高い技術であることが裏目に出てしまっている可能性や、生成ＡＩによる効率化がなかなか見えにくいということにあるのかもしれない。その意味では具体的な効果が見えやすいイノベーションへの活用を急いだほうがよく、そのためのアプリケーション開発に注力すべきであろう。

安全保障とAI

そして、今や議論を避けることができないのが安全保障におけるAI研究開発である。LAWS（Lethal Autonomous Weapons Systems）と呼ばれる自律型致死兵器システムの研究開発においては、ロシアのウクライナへの侵攻が勃発《ぼっぱつ》する以前は、国連としてその使用はもちろん開発も禁止しようという強い動きがあった。だが、戦争が勃発すると、先にLAWSを使用したのは西側諸国がサポートするウクライナ側であった。自律型ドローンは開発コストが低く、兵力において劣勢のほうが使うことで、効果を発揮できるからだ。その後はLAWSの開発競争がなし崩し的に始まってしまい、歯止めのかからない状況になっている。攻める武器も防ぐ武器も兵器としては区別できない状況において、平和立国日本としては、AI兵器開発はしてはならないという考え方は正しい。もちろん軍事的な動きがそもそも起きないようにすることが最善であることは当然であり、そのためには外交での対話による自助が重要だが、では、なぜ人は未《いま》だに戦争をしているのだろうか？　そして、万が一攻められたらどうするのかという不安がよぎることも確かである。

国内外における研究者の交流の場として学会があり、日本においてもAI研究者が集う学会として、人工知能学会や情報処理学会、電子情報通信学会、日本ロボット学会、日本知能情報ファジィ学会、日本ソフトウェア科学会など、実に多くの学会があるが、AI研究開発に特化した人工知能学会においても、安全保障に関する論文や安全保障に関わる企業等からの求人広告掲載依頼などが寄せられるようになってきており、統一的な対応のための指針を策定している。内容としては以下のようなものである。

「本学会は、本学会が2016年に定めた倫理指針に則し、基本的人権、民主的価値観、人類の幸福といった平和に資する人工知能を探求することを志向する。安全保障に関わる事案に関しては、この観点に立脚し、学会の関与を判断する。」

このなかの「倫理指針」とは、人工知能学会が学会内に設立した倫理委員会において、2016年にまとめたものである。これは人工知能学会の公式の見解や意向を示す、これを考えた時点での内容ではあるが、現在においても色褪《いろあ》せることのない内容である。ここからさらに議論を深め、２０１７年に公開されたのが以下のものである。まずはお読みいただきたい。

［人工知能学会 倫理指針］

序文

人工知能研究は、人間のような知性を持ち自律的に学習し行動する人工知能の実現を目指している。人工知能が、産業、医療、教育、文化、経済、政治、行政など幅広い領域で人間社会に深く浸透することで、人々の生活が格段に豊かになることが期待される一方で、悪用や濫用で公共の利益を損なう可能性も否定できない。

高度な専門的職業に従事する者として、人工知能の研究、設計、開発、運用、教育に広く携わる人工知能研究者は、人工知能が人間社会にとって有益なものとなるようにするために最大限の努力をし、自らの良心と良識に従って倫理的に行動しなければならない。人工知能研究者は、社会の様々な声に耳を傾け、社会から謙虚に学ばなければならない。人工知能研究者は技術の進化及び社会の変化に伴い、人工知能研究者自身の倫理観を発展させ深めることについて不断の努力をおこなう。

人工知能学会は、自らの社会における責任を自覚し、社会と対話するために、人工知能学会会員の倫理的な価値判断の基礎となる倫理指針をここに定める。学会員はこれを指針として行動するよう心がける。

1（人類への貢献）人工知能学会会員は、人類の平和、安全、福祉、公共の利益に貢献し、基本的人権と尊厳を守り、文化の多様性を尊重する。人工知能学会会員は人工知能を設計、開発、運用する際には専門家として人類の安全への脅威を排除するように努める。

2（法規制の遵守）人工知能学会会員は専門家として、研究開発に関わる法規制、知的財産、他者との契約や合意を尊重しなければならない。人工知能学会会員は他者の情報や財産の侵害や損失といった危害を加えてはならず、直接的のみならず間接的にも他者に危害を加えるような意図をもって人工知能を利用しない。

３（他者のプライバシーの尊重）人工知能学会会員は、人工知能の利用および開発において、他者のプライバシーを尊重し、関連する法規に則って個人情報の適正な取扱いを行う義務を負う。

４（公正性）人工知能学会会員は、人工知能の開発と利用において常に公正さを持ち、人工知能が人間社会において不公平や格差をもたらす可能性があることを認識し、開発にあたって差別を行わないよう留意する。人工知能学会会員は人類が公平、平等に人工知能を利用できるように努める。

５（安全性）人工知能学会会員は専門家として、人工知能の安全性及びその制御における責任を認識し、人工知能の開発と利用において常に安全性と制御可能性、必要とされる機密性について留意し、同時に人工知能を利用する者に対し適切な情報提供と注意喚起を行うように努める。

6（誠実な振る舞い）人工知能学会会員は、人工知能が社会へ与える影響が大きいことを認識し、社会に対して誠実に信頼されるように振る舞う。人工知能学会会員は専門家として虚偽や不明瞭な主張を行わず、研究開発を行った人工知能の技術的限界や問題点について科学的に真摯に説明を行う。

7（社会に対する責任）人工知能学会会員は、研究開発を行った人工知能がもたらす結果について検証し、潜在的な危険性については社会に対して警鐘を鳴らさなければならない。人工知能学会会員は意図に反して研究開発が他者に危害を加える用途に利用される可能性があることを認識し、悪用されることを防止する措置を講じるように努める。また、同時に人工知能が悪用されることを発見した者や告発した者が不利益を被るようなことがないように努める。

8（社会との対話と自己研鑽）人工知能学会会員は、人工知能に関する社会的な理解が深まるよう努める。人工知能学会会員は、社会には様々な声があることを理解し、社会から真摯に学び、理解を深め、社会との不断の対話を通じて専門家として人間社会の平和と幸福に貢献することとする。人工知能学会会員は高度な専門家として絶え間ない自己研鑽に努め自己の能力の向上を行うと同時にそれを望む者を支援することとする。

９（人工知能への倫理遵守の要請）人工知能が社会の構成員またはそれに準じるものとなるためには、上に定めた人工知能学会会員と同等に倫理指針を遵守できなければならない。

このなかで特に興味深いのが第９条である。この指針はＡＩ研究開発に携わる者に対しての指針であるが、彼らにより生み出されるＡＩもまたこの指針を守る必要があるという書きぶりからして、将来登場する高い自律性を持つ次世代ＡＩの登場を予期していることがうかがえる条文となっている。

安全保障に関連する案件への対応指針において重要な点は、平和に資する人工知能を探求することに反しない限りにおいては、「安全保障に関わると思われる論文においても、問答無用で受け付けを拒否するのではなく、内容を精査し、平和に資する内容であれば査読を受け付ける」という判断をしているところにある。また、ＡＩ技術がデュアルユースな技術であることは学術会議[16]も認めているところであり、平和に資するＡＩ技術は同時に容易に軍事技術として利活用できるということを十分に理解した上で、平和に資するＡＩ研究開発に従事するということを認識する必要がある。

では、認識した上で研究開発に従事するということは、具体的にはどういうことなのか？　日本が防衛のために軍事研究を行うべきかどうかは、非常に複雑で多面的な問題であることは言うまでもない。政治的、倫理的、歴史的、経済的な観点からの考慮が必要である。

賛成する考え方があるとすれば、現代の安全保障環境では技術の進歩が国家の防衛力に直結し、先進的な軍事技術の研究開発は潜在的な脅威から国を守るために重要であるということだ。また、他国に依存せず自主的に防衛力を強化することで外交交渉力も向上するという見方もできる。そして、軍事研究が民生技術の進歩に繋がるという点も忘れてはならない。平和国家の日本においても、インターネットや音声認識、ＧＰＳなどの技術が当たり前のように利用されているが、これらは米国の軍事研究が牽引《けんいん》し民間に広がったものである。

もちろん、反対する考え方として、日本国憲法第９条があるし、日本が軍事研究を進めることで近隣諸国との緊張が高まる可能性も考えられる。それ以前に、生命を奪う技術の開発への倫理的な問題があることは言うまでもない。

現時点で言えることは、ＡＩ技術がデュアルユースな技術であることを認識しつつ、研究の目的の明確化や透明性の確保、そして研究に対するしっかりとした説明責任を果たすということであろう。いずにせよ、最後は社会的な合意と倫理的な枠組みの中で具体的な方向を決めていくしかない。将来において我々を見守り適宜介入するＡＩが登場することにより、兵器開発自体が不要となる世界が訪れることを願うばかりである。

おわりに

AIにできないこと?

本書では、AIの歴史から生成AI黎明期《れいめい》、そして今後において、人とAIがどのような関係となっていくのかについていろいろ考察してきた。

これまでのAI研究開発により、道具としてのAIの進化はそろそろ終焉《しゅうえん》を迎え、これからは自ら考える自律型のAIの時代になっていくであろうことを述べた。現在のAIは場の空気を読んだり、人を想って先回りした「おもてなし」のような動作をしたりすることはできないが、これらの能力が自律型AIの登場により実現されていくことで、人とAIが共生する社会の本格的な到来が見えてくる。

現在のAIは道具であり、発揮される効果は道具を使う我々次第である。そのためにもAIをどのように使いこなすのか、そして、AIを壁打ちとして利用する場合であれば、AIから提示される多様なアイデアに対するしっかりした判断能力が求められる。そのためにも、今まで以上に、いわゆる高い人間力が求められ、〝歯車〟から〝モーター〟にならなければ、AIに仕事を奪われる立場になってしまうかもしれない。

今後、「おもてなし」ができるレベルの高い自律性や汎用《はんよう》性を持つAIが登場したとしても、だからといって人の存在価値がなくなるわけではない。AIと共生することでより自分の創造力を発揮できるようになるであろうし、信頼できるようになったAIからの意見を取り入れることで、自助では選択できなかったであろう方向に進める可能性も秘めている。


結局のところ、「AIにできないこと」は何なのか？

機能としては間違いなく人を超え、人が頼る存在になるであろうことを想像するに、その意味ではできないことなどなくなるようにも思える。しかし、そうなったとしても、AIには確実にできないことがある。今更と思われるかもしれないが、究極的には「人」にはなれないのだ。真に人にはなれない。

我々には寿命がある。子孫が生存し続けることで、ホモ・サピエンスという種がより長く地球上に生き残ることができるよう、今も生き続けている。我々がホモ・サピエンスである限り、この生命システムの仕組みから逃れることはできない。

　ＡＩには我々のような寿命はないし、生命システムとは異なり圧倒的な速度で進化すらできる。無論、新たな生命体でもない。我々が設計し創り上げるテクノロジーの延長線上にあることから、たとえＡＩが自ら進化するようなレベルに到達したとしても、最初にそのようなＡＩを設計するのはやはり我々人である。どのようなＡＩを設計するのかが、その後のＡＩの進化の仕方を左右する。それ故に、今後のＡＩの研究開発には慎重さが求められるのだ。

　そして、ＡＩがその機能をレベルアップさせていく過程で、「人がする作業に対する価値」が改めて再認識されるようになるのだと思うわけである。

「○○をやってもらうならＡＩのほうが適切で価格も安価だけど、割高な人に依頼しよう」という世界である。ＡＩでも、人の作業と全く同じ〝質感〟すら出せるようになるのであろうが、それでも人がやったという事実に価値があるのだ。

　インターネットがなかった時代のように人同士がやりとりし、〝人間味〟のある日常が見た目上は訪れるかもしれない。それはメタバースのようなサイバー空間として構築されており、〝人〟の一部はＡＩによる自律型アバターかもしれない。そこでは欲しい情報はなぜかちゃんと入手でき、皆が自由気ままに生活しているにもかかわらず、安心安全な社会が維持されている。そういう世界そのものがＡＩに見守られている……というわけである。

人の情報処理能力はホモ・サピエンスが地球上に誕生してからずっと変化していない。その限界が解明されたわけではなく、脳はまだまだ高い能力を発揮できるのかもしれないが、やはり限界はあるのだろう。そのような人間に対して圧倒的な量と雑多な情報が混在するインターネットを基盤とする複雑化する情報社会は、そもそも人が直接向き合うのは無理な状況になってしまっている。であれば、我々は我々の身の丈にあった生活ができるよう、インターネットや情報社会との間に入って、我々をサポートしてくれる相棒が欲しくなる。それが我々が実現させるべき次世代ＡＩなのだとも言える。

ただしそれは、我々がただただ楽ができる世界を実現するためのものではない。人が高い人間力を駆使して生活する世界を維持・発展させるための見守りである。どうすることが人類の存続に繋がるのかについてＡＩからの提示により苦渋の判断をすることもあるかもしれない。そもそも多様性や人の喜怒哀楽、そして苦労や〝壁〟が存在しなければ、人に先に進もうとするインセンティブは生まれない。

いずれにせよ、ひたすら楽に暮らせる世界が到来する、ということにはならないのであろう。

AIはどこに行くのか?

道具としてのAIの場合、それを使うのは人であるから、主役は人であった。この考え方に対して、主役を「人」ではなく「知能」と考えてみるとどうだろうか。見え方が大きく変わってくる。

主役である知能の目的は、自身の知能レベルの向上にあると仮定してみる。地球を舞台とすれば、地球上に生物が誕生したときから知能レベルの向上が始まり、恐竜時代にも格段に向上したであろう。そして、恐竜の代わりに人類が登場して知能レベルがさらに向上することとなった。知能は誰かに自分を成長させてもらう必要があるのだ。

そして、人類が高められる知能のレベルは、人類が作り出したAIにより一気に指数関数的な上昇を始め、今後、人を超えるAIの登場により知能レベルはさらに上昇していく。人を超えるAIはもはや道具型ではなく自ら考えることができるタイプであるから、ゆくゆくはAIが自らイノベーションを起こすことでさらに知能のレベルが向上していく。未来のAI(もはや人が高める知能ではなく、AIが新たな知能を生み出すことになるので「人工」ではなくなるのだが、そのような知能もＡＩと呼ぶことにする）は我々が生み出したデジタル技術を土台にしている確証もないし、もはや我々を超える知的レベルのＡＩがすることを我々が理解できるわけがない（なんとかわかりやすく我々に説明してくれることを期待したいが）。

知能のレベル向上の年表ができたとすると、人類は知能という主役がその知的レベルを向上させるある一時代を担ったという見方ができよう。これはまさに宇宙的スケールでの話であるが、これを単なる妄想と断定することもできないであろう。生物の進化は何億年というスケールで進行するダイナミクスであるが、我々人が生み出したＡＩは年単位、月単位という速いスケールで進行する。今は人が世話をしている知能が、将来においてＡＩが世話をすることになり、あるとき、人と共生した知能はＡＩが生み出した新たな知能を高める何かを拠《よ》り所として地球を離れていくのかもしれない。

註

1　ハーバート・A・サイモン、稲葉元吉・吉原英樹訳『システムの科学 第3版』パーソナルメディア、1999年。

2　米国のコンピュータサイエンティスト。1948年生まれ。著書 "The Singularity is near"（邦訳『シンギュラリティは近い』井上健監訳、小野木明恵・野中香方子・福田実訳、NHK出版、2016年、『ポスト・ヒューマン誕生』〈2007年〉の抄訳）で、AIなどの科学技術の産物が人類の能力を凌駕する「技術的特異点」とされるシンギュラリティ（Singularity）を提唱した。

3　総務省「諸外国におけるAI規制の動向に関する調査研究」『EUのAI規制法案の概要』。「AIネットワーク社会推進会議　AIガバナンス検討会」三部裕幸構成員による作成。https://www.soumu.go.jp/main_content/000826707.pdf

4　1811年から1817年頃に、イギリスの織物工業地帯で起こった機械破壊運動。産業革命に伴い生産の効率化による低賃金化や、置き換えによる失職や技能職の地位低下などの影響を受けた労働者階級が資本家階級への抗議として工場の機械を破壊したとされる。

5　ユヴァル・ノア・ハラリ、柴田裕之訳『ホモ・デウス　テクノロジーとサピエンスの未来（上下）』河出文庫、2022年。

6　最小単位の知的なモノが多数群れることで、群れとして高い知能を創発する知能のこと。

7　脳神経細胞もニューロンと呼ばれるが、混乱を避けるため、本書では我々の脳のニューロンは脳神経細胞、そして１９６８年に提案された脳を真似たコンピュータ上の技術としてのニューラルネットワークでの脳神経細胞に相当するものをニューロンと呼ぶことにする。

8 総務省『令和3年版情報通信白書』「デジタル・トランスフォーメーションの定義」より。

9 https://www.soumu.go.jp/johotsusintokei/whitepaper/ja/r03/html/nd112210.html
ダンカン・ワッツ、栗原聡・佐藤進也・福田健介訳『スモールワールド：ネットワークの構造とダイナミクス』東京電機大学出版局、２００６年。

10 このような世界が舞台となる作品に、伊藤計劃『ハーモニー』（早川書房、ハヤカワ文庫ＪＡ、２０１０年）がある。

11 https://www.city.yokosuka.kanagawa.jp/0835/nagekomi/20230605_chatgpt2.html

12 稲谷龍彦「企業犯罪に対する刑事手続の対応：アメリカ法におけるＤＰＡ・ＮＰＡを中心に」『刑事法ジャーナル』58号、成文堂、２０１８年、69-76頁。

13 『人工知能とは』人工知能学会監修、松尾豊編著、中島秀之・西田豊明・溝口理一郎・長尾真・堀浩一・浅田稔・松原仁・武田英明・池上高志・山口高平・山川宏・栗原聡共著、近代科学社、２０１６年。

14 https://sakana.ai/evolutionary-model-merge-jp/

15 リチャード・Ｅ・ニスベット、村本由紀子訳『木を見る西洋人　森を見る東洋人　思考の違いはいかにして生まれるか』ダイヤモンド社、２００４年。

16 https://www.scj.go.jp/ja/member/iinkai/gunjianzen/index.html

栗原　聡（くりはら・さとし）
慶應義塾大学理工学部 教授。人工知能学会 会長。慶應義塾大学共生知能創発社会研究センター センター長。慶應義塾大学AIC生成AIラボ ラボ長。慶應義塾大学大学院理工学研究科修了。博士（工学）。NTT基礎研究所、大阪大学、電気通信大学を経て、2018年より現職。科学技術振興機構（JST）さきがけ「社会変革基盤」領域研究総括。人工知能学会倫理委員会委員長。オムロン サイニックエックス社外取締役、総務省情報通信法学研究会構成員など。マルチエージェント、複雑ネットワーク科学、計算社会科学などの研究に従事。著書『AI兵器と未来社会　キラーロボットの正体』（朝日新書）、共編著『人工知能学大事典』（共立出版、2017）など多数。

AI《エーアイ》にはできない
人工《じんこう》知《ち》能《のう》研究《けんきゅう》者《しゃ》が正《ただ》しく伝《つた》える限界《げんかい》と可《か》能性《のうせい》

栗原《くりはら》　聡《さとし》

2024年 11月 10日　初版発行
2025年 4月 5日　4版発行

発行者　山下直久
発　行　株式会社KADOKAWA
〒102-8177　東京都千代田区富士見2-13-3
電話　0570-002-301（ナビダイヤル）

装 丁 者　緒方修一（ラーフイン・ワークショップ）
ロゴデザイン　good design company
オビデザイン　Zapp!　白金正之
印 刷 所　株式会社KADOKAWA
製 本 所　株式会社KADOKAWA

角川新書
 ISBN978-4-04-082500-7 C0230